Werner Schmidbauer

Werner Schmidbauer

Gipfeltreffen

Gespräche in den Bergen

Ein Buch zum Nachlesen und Nachgehen

ARISTON

Inhalt

Gipfeltreffen

Vorwort

»Gehen ist etwas Wunderbares in unserem Leben: Gehen, Schritt für Schritt, man geht sich so viel weg, man wird leichter, es wird alles von einem genommen.« Schwester Theodolinde

Gipfeltreffen – den Namen kennen viele aus dem Fernsehen. Und zwar aus dem Bayerischen Fernsehen (BR). Seit 2003 gibt es dort sechsmal im Jahr die Sendereihe »*Gipfeltreffen* – Werner Schmidbauer trifft ...«. Sie läuft immer an hohen Feiertagen um 18 Uhr und hat sich auf Anhieb ein großes Publikum erobert.

Nach jeder Ausstrahlung eines *Gipfeltreffens* gibt es in der BR-Redaktion zahlreiche Anfragen: Auf welchen Berg ist Werner Schmidbauer mit seinem Gast gestiegen? Wo ist dieser Berg? Wo genau geht man los, wenn man zu dem Gipfel gelangen will, an dem Werner Schmidbauer und sein Gast die schon traditionelle »Gipfelbrotzeit« gemacht haben? Ist der Berg sehr steil? Wie lange dauert die Wanderung? Kann man sie auch mit Kindern gehen? Gibt es vielleicht eine Bergbahn, mit der man ein Stück des Weges abkürzen kann?

Viele Zuschauer wollen auch noch mal hören, was der prominente Begleiter gesagt hat, weil es ihnen so gut gefallen hat. Welches Gedicht hat Veronika Fitz zitiert? Wie hieß der Spruch, von dem Elmar Wepper sagte, das sei sein Lebensmotto? Ist das letzte Stück zum Gipfelkreuz wirklich so Furcht einflößend wie es Katerina Jacob empfand?

All diese Fragen will ich in diesem Buch beantworten. Zu jeder Wanderung gibt es eine detaillierte Beschreibung vom Ausgangspunkt bis zum Gipfel. Außerdem verrate ich einige der schönsten Rastplätze und Aussichtspunkte.

Schließlich gibt es kleine Geschichten, Fotos und Anekdoten rund um jede Tour, die in der Sendung keinen Platz hatten oder zu kurz kamen: Zum Beispiel war nämlich die Wettersituation beim *Gipfeltreffen* mit Alfons Schuhbeck in Wirklichkeit viel dramatischer, als es sich im Fernsehen darstellte. Und das *Gipfeltreffen* mit dem ehemaligen Finanzminister Theo Waigel musste immer wieder verschoben werden, weil auf Theo Waigels Wunschberg so lange Schnee lag, was einen Dreh unmöglich machte. Außerdem möchte ich Sie noch auf ein ungeschriebenes Gesetz in Bayern hinweisen: Wenn man sein Auto während der Wanderung auf dem Parkplatz eines Wirtshauses abstellt, ist es Brauch, dem Wirt zu danken, indem man kurz bei ihm einkehrt und eine Kleinigkeit, ein Radler, ein Stück Kuchen, zu sich nimmt.

Die Idee

Von früher Kindheit an habe ich viel Zeit in den Bergen verbracht. Dabei habe ich die Erfahrung gemacht, dass sich auf Bergwanderungen oft ausgiebige und intensive Gespräche mit Freunden entwickeln. So auch im Sommer des Jahres 2001: Ich ging mit einem Freund auf den Heuberg und wir waren bald in ein spannendes Gespräch vertieft. Der gemeinsame Aufstieg, der geradezu zum Gespräch einlud, und die ausgiebige Gipfelbrotzeit in der wunderbaren Bergkulisse brachten uns bald auf die großen Themen des Lebens: Wir sprachen über Familie und Freunde, über den Sinn des Daseins und über den Tod. Auf dem Rückweg ins Tal sagte mein Freund: »Siehst du, so was gibt's bei euch im Fernsehen nicht.« Und ich dachte mir sofort: »Stimmt. Aber warum eigentlich nicht?«

Der Gedanke ließ mich nicht mehr los und so wurde die Idee geboren, mit prominenten und interessanten Zeitgenossen ein Gespräch in den Bergen für das Fernsehen zu machen. Eine »Walkshow« gewissermaßen, in der Hoffnung, dass die Weite der Berge die Seele der Gäste freier macht, die Gedanken beflügelt und die Zunge löst.

Für mich als Moderator bedeutete eine solche Gesprächssendung eine ganz neue Herausforderung nach zwanzig Jahren Studiomoderation. Ich würde endlich die Gespräche dort führen können, wo ich selber am liebsten bin: in den Bergen.

Die Zeitangaben beim Gipfelweg beziehen sich immer auf den einfachen Weg zum Gipfel, die Seilbahnfahrt ist mit eingeschlossen. Bitte rechnen Sie also, wenn Sie die Touren nachgehen, die entsprechende Zeit für den Rückweg mit ein.

Die Umsetzung

Bei der Suche nach geeigneten Zielen für das *Gipfeltreffen* war es mir von Anfang an wichtig, mich auf weniger bekannte Nebengipfel zu konzentrieren, weil es dort ruhiger ist und man ungestört vom Touristenrummel Brotzeit machen und ratschen kann.

Die Länge und Schwierigkeit der Tour richten sich maßgeblich nach den Wünschen und der »Geländegängigkeit« des Gesprächsgastes. Wenn da gelegentlich ein Lift oder eine Seilbahn genutzt werden, warum nicht? Mir geht es nie um den »Gipfelsieg« oder bergsteigerische Leistung, sondern um ein gutes Gespräch in einer Umgebung, in der sich mein Gast wohl fühlt und die Gedanken treiben lassen kann. Es nützt ja keinem etwas, wenn ein Alfons Schuhbeck vor lauter Schnaufen nicht mehr erzählen kann und letztlich aus den (Halb-)Schuhen kippt – auch wenn es natürlich schon interessant ist, zu sehen, ab wann ein Gast ins Schwitzen kommt.

Kurzum, die Wahl der richtigen Tour, die landschaftlich und vom Schwierigkeitsgrad auf den Prominenten und die Umsetzbarkeit fürs Fernsehen abgestimmt sein muss, ist entscheidend für das Gelingen des *Gipfeltreffens*. Wenn man dann auch noch Glück mit dem Wetter hat, kann ein außerordentliches Gespräch gelingen. Und ich hatte Glück, fast immer …

Das Team

Vor dem ersten *Gipfeltreffen* war keiner von uns sicher, ob die Idee zu realisieren ist: ein Gespräch während einer Bergtour mit im wahrsten Sinne des Wortes »laufender« Kamera aufzuzeichnen.

Eines war klar: Ich brauchte zwei körperlich belastbare Kameraleute, die selbstständig, ausdauernd und kreativ selbst während des laufenden Gespräches »Regie« führten und sowohl die Schönheit der Berglandschaft als auch den Inhalt des Gespräches berücksichtigten. Dabei muss einer der beiden eine Steadicam, die an die 40 Kilogramm wiegt, steil bergauf tragen und rückwärts gehend Gesprächssequenzen von bis zu zwölf Minuten am Stück drehen, bis sein Kollege mit der Stativkamera das laufende Gespräch an einer vereinbarten Stelle übernimmt. Doch auch er hat keine leichte Rolle, meist läuft er eine große Wegstrecke voraus, um irgendwo am Wegrand »versteckt«, ohne direkten Kontakt zum inhaltlichen Geschehen, den richtigen Moment zu erwischen, um das Gespräch zu übernehmen. Zudem ist er auch noch zuständig für die Schnittbilder, wie große Panoramaaufnahmen, besondere Pflanzen oder schöne Ausblicke. Ich bin sehr froh, dass ich mit Stephan Nöbauer, Michael Magerer und Sepp Wörmann ein bergerfahrenes und hochkreatives Kamerateam gefunden habe, das diese Anforderungen glänzend meistert.

Lange diskutierten wir auch die akustische Umsetzung, da beim Wandern oft große Funkstrecken zu überwinden sind. An einem Novembertag 2002 besichtigte ich also mit den beiden Kameraleuten und einem Tonmeister des BR den Mitterberg, das erste *Gipfeltreffen*-Ziel. Rat- und aussichtslos standen wir im dichten Nebel bei 20 Zentimeter Neuschnee auf dem Gipfel und konnten uns nicht recht vorstellen, wie wir die Produktion mit dem Premierengast am 14. November realisieren sollten. Ich hatte große Zweifel. Sollten wir nicht besser auf den Frühling warten? Vielleicht war meine Idee für eine Umsetzung in diesem Jahr zu spät gekommen. Hier merkte ich bereits: Das Wetter war die größte Unwägbarkeit bei der Planung und bescherte uns so manche Überraschung. Wir beschlossen, die Premiere tatsächlich noch im November zu wagen.

»Hollywood? Ich bin doch viel lieber hier«

Mit Elmar Wepper auf dem Mitterberg

Der Mitterberg

1214 Meter

Über dem Eingang des Inntals

Der Mitterberg (1214 m) ist ein unscheinbarer, sanfter und baumloser Grasgipfel über dem Eingang des Inntales, zwischen Farrenpoint (1273 m) und Rampoldplatte (1422 m). Seine zuckerhutartige Kegelform macht ihn unverwechselbar und die Alten sagen dem Berg eine besondere Energie nach: Es heißt, früher hätten sich die Druiden in Vollmondnächten bäuchlings mit ausgebreiteten Gliedern auf den Gipfel gelegt, um die Erdenergie zu tanken.

Dennoch ist der Mitterberg nicht viel begangen, vielleicht, weil er nur ein unbeschilderter »Vorbuckel« auf dem Weg zur viel besuchten Schuhbräualm und zu den vermeintlich attraktiveren, weil höheren Gipfeln von Rampoldplatte und Hochsalwand ist. Aber genau das macht ihn zum idealen Ziel für ein *Gipfeltreffen,* man kann in Ruhe ratschen und Brotzeit machen.

Der Mitterberg gehört zu meinen Lieblingsgipfeln, auf dem es sich auch mal lohnt, in Hochsommernächten mit dem Schlafsack zu übernachten, den Sonnenaufgang zu bewundern und für ein gemütliches Frühstück hinüber zur Schuhbräualm zu schlendern.

Anfahrt

A 8
Ausfahrt Bad Aibling
Bad Feilnbach
Wirtsalm/Schuhbräualm

Von München aus fahren Sie auf der Autobahn A 8 Richtung Salzburg bis zur Ausfahrt Bad Aibling. Nach der Ausfahrt biegen Sie rechts ab und fahren zirka 5 km bis nach Bad Feilnbach. In Bad Feilnbach geht es vor dem Ortsausgang, wo die Hauptstraße einen Linksknick macht, rechts Richtung Ortsmitte. Nach ungefähr 50 m biegen Sie beim Supermarkt »nah und gut – Glück« links ab und fahren nun auf einer schmalen Straße (Tempo-30-Zone) Richtung Süden aus Bad Feilnbach heraus auf die Berge zu. Nach etwa einem Kilometer halten Sie sich bei einer abknickenden Vorfahrt weiter geradeaus, während die Vorfahrtstraße nach links abbiegt (hier ist rechter Hand ein Fahrradgeschäft, linker Hand ein Parkplatz, dahinter liegt ein kleines Mauthäusel) und

Elmar Wepper

fahren entlang des Jenbach auf der Bergstraße Richtung Wirtsalm/Schuhbräualm (ausgeschildert). An Wochenenden und Feiertagen wird hier meist eine Maut verlangt. Die schmale Bergstraße führt in Serpentinen zirka 5 km bergauf bis zu einem Parkplatz, der an Wochenenden wegen der bequemen Nähe zu Wirtsalm und Schuhbräualm oft überfüllt ist. Obacht auf zu Tal rasende Mountainbiker!

Zwischen Ende November und Anfang Mai ist die Bergstraße ab der Mautstation für den Autoverkehr gesperrt.

Gipfelweg

Wegzeit:
1 1/2 Stunden

Einkehrmöglichkeit:
Wirtsalm *(geöffnet von Mitte Mai bis Mitte Oktober; Dienstag Ruhetag)*
Schuhbräualm *(geöffnet vom 1. Mai bis 31. Oktober; Montag Ruhetag)*

Am Parkplatz nehmen wir den Weg bergauf Richtung Schuhbräualm. 50 m nach dem Parkplatz halten wir uns bei der Weggabelung links Richtung Schuhbräualm/Rampoldplatte/Hochsalwand. Nach guten 100 m überqueren wir den Jenbach über ein Brückerl und kommen nach wenigen Metern erneut an eine Weggabelung, an der wir den linken Weg wählen (beide Wege führen Richtung Schuhbräualm/Farrenpoint/Hochsalwand).

Nach einer Dreiviertelstunde auf einem schattigen Forstweg treten wir aus dem Wald heraus und setzen den Weg auf einem offenen Wiesensteig fort. Nach ein paar Minuten passieren wir die Hansenalm mit ihrer kleinen Kapelle und laufen, mittlerweile wieder auf einem gemütlichen Forstweg, zirka 20 Minuten immer Richtung Schuhbräualm. Auf diesem Weg kommen wir an einer schönen alten Eiche vorbei, in deren niedrig ausladenden Ästen man sehr bequem sitzen und Pause machen kann.

Kurz vor der Schuhbräualm, an der Stelle, von der aus sich das erste Mal ein herrlicher Blick nach Osten hinunter ins Inntal auftut, gehts vom Forstweg unbeschildert steil links hinauf über einen Grasrücken, und nach zirka 5 Minuten sind wir auf dem Mitterberggipfel, auf dem ein schlichtes Kreuz, ein etwas verfallenes Holzbankerl und eine großartige Aussicht auf den Wendelstein, das Inntal und das Voralpenland mit Rosenheim und Chiemsee zur Gipfelbrotzeit einladen.

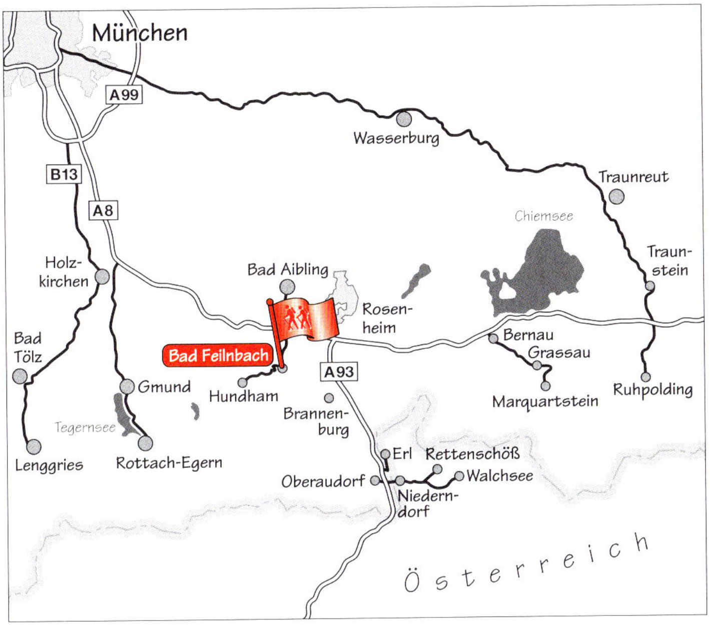

So kommen Sie hin

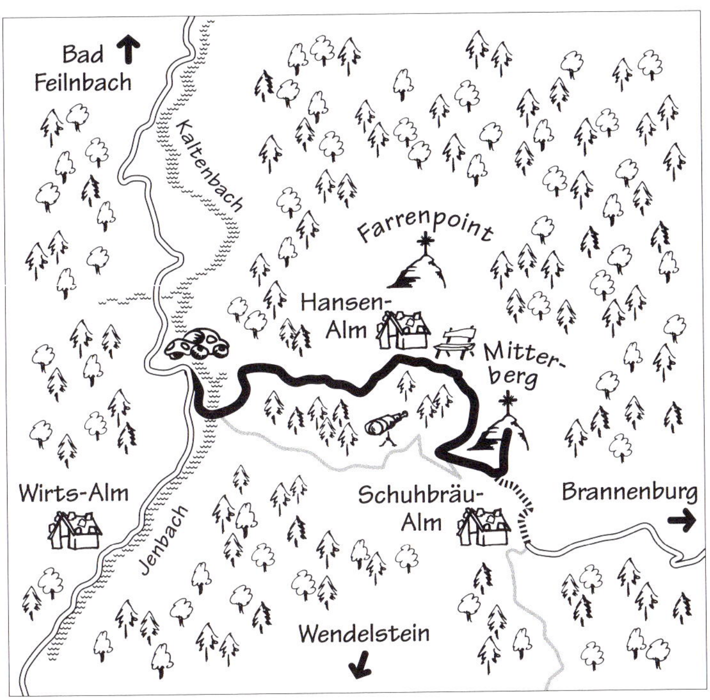

So kommen Sie hinauf

Elmar Wepper

Elmar Wepper war mein Wunschgast für die Premiere von *Gipfeltreffen:* Ein wunderbarer Schauspieler, der über die Jahre einer der beliebtesten »Köpfe« im Bayerischen Fernsehen geworden ist. Privates weiß man aber nicht allzu viel von ihm, denn er meidet Talkshows und Partys.

Als ich ihm von meiner *Gipfeltreffen*-Idee erzählte, sagte er sofort zu. Wir verabredeten uns für den 14. November 2002.

»Das Dilemma dieser Welt ist, dass die Narren so sicher und die Weisen so voller Zweifel sind.«

Mitte November ist der Herbst, und damit auch die klassische Wandersaison, schon fast zu Ende. In den Bergen hatte es schon geschneit. Bange verfolgte ich in diesen Tagen den Wetterbericht, immer darauf gefasst, die Tour wegen schlechten Wetters absagen zu müssen. Doch am Morgen des verabredeten Drehs schien die Sonne. Wir hatten Glück – es wurde einer der letzten schönen Tage des Jahres, sozusagen ein »geschenkter« Tag. Der Föhn sorgte für unglaubliche 20 Grad und Elmar Wepper und ich gerieten beim Wandern ordentlich ins Schwitzen.

Wir treffen uns pünktlich auf dem verabredeten Parkplatz – Elmar Wepper braun gebrannt und bester Laune. Auch meine Anspannung legt sich schnell, als wir bei Sonnenschein dahin wandern. Technisch läuft alles bestens, die beiden Kameraleute harmonieren ausgezeichnet miteinander. Stephan Nöbauer schafft es, mit seiner Steadicam auch im steileren Gelände Gesprächssequenzen bis zu zehn Minuten am Stück zu drehen, Michael Magerer arbeitet wie auch das restliche Team schnell, selbstständig und umsichtig. Die Kombination aus Regie- und Gesprächsführung fällt mir leichter als ich dachte.

»Mein Bruder Fritz ist jemand, der losspringt und vielleicht manchmal im Sprung denkt: ›Oh, wo lande ich?‹ Und ich sitz dann irgendwo und denk mir: ›Ach, warum spring ich nicht los?‹«

Selbst der Föhnsturm, der über dem Gipfel des Mitterberg mit 120 km/h hinwegfegt und – wie wir später erfahren – im Nachbartal Tausende von Bäumen umknickt und die Sudelfeldstraße unpassierbar macht, beeinträchtigt die Tonqualität nicht.

Anfangs spüre ich bei Elmar Wepper eine gewisse Zurückhaltung. Immerhin hat er sehr bewusst seit geraumer Zeit keine

»Obst ist ja wahnsinnig gesund, das muss man nicht gleich am Anfang essen.«

Talkshow besucht. Aber mit jedem Schritt, den wir gehen, stellt sich eine zunehmende Vertrautheit und Selbstverständlichkeit ein. Ich erfahre von Elmar Weppers Kindheit, die er ohne den im Krieg vermissten Vater verbrachte; offen und wortreich erzählt er von den ersten Skiübungen im Münchner Hirschgarten und von seinem Verhältnis zum älteren Bruder Fritz, der ihn zur Schauspielerei gebracht hat.

Auf dem Grat unterhalb des Gipfels öffnet sich der Blick auf das Inntal, das im Licht der strahlenden Novembersonne daliegt. Die Aussicht ist atemberaubend – und regt Elmar Wepper dazu an, seinen Begriff von Heimat zu erläutern: »Wenn ich das hier so sehe, warum soll ich da woanders hin?«

Am Gipfelkreuz bietet mir Elmar Wepper das Du an, wie das in den Bergen üblich ist. Obwohl uns bei der Brotzeit eine Föhnsturmböe die Wurst vom Brot weht, entwickelt sich ein sehr entspanntes Gipfelgespräch zwischen uns.

Es ist erstaunlich, wie mühelos mein Gast zwischen Geplauder, lustigen Anekdoten und ernsten, tiefen Themen hin- und herwechselt.

Er erzählt, dass seine Familie ein Familiengrab am Winthir-Friedhof in München besitzt und ihn die Vorstellung beruhigt, zu wissen, wo er nach dem Tod einmal liegen wird. Das sagt er mit dem ruhigen Gesichtsausdruck eines Menschen, der sich sehr bewusst mit dem Tod auseinander setzt und offensichtlich wenig Angst vor dem Sterben hat.

Im nächsten Moment imitiert er den von ihm synchronisierten Captain Tschekov aus der legendären Serie »Star Trek – Raumschiff Enterprise«, oder fuchtelt, als er mir seine Faszination am Fliegenfischen erklärt, so wild mit dem Brotzeitmesser herum, dass ich eher an die Demonstration einer asiatischen Kampfsportart erinnert werde.

»Es war eine tolle Zeit als Kind. Ich glaube, heute, wo die Kinder alles haben, haben sie's nicht leichter.«

Er verrät mir sein Lieblingszitat, das, wie ich aus zahlreichen Zuschriften von Zuschauern weiß, viele noch einmal hören wol-

»Karriere? Zum einen: Wo soll's hingehen? Und zum anderen: Alles hat seinen Preis.«

len: »Das Dilemma dieser Welt ist, dass die Narren so sicher und die Weisen so voller Zweifel sind.« Die tiefe, milde Novembersonne zaubert ein traumhaftes Licht und begeistert uns beide.

Zufrieden prosten wir uns zum Abschluss des Gespräches zu, schauen noch eine ganze Weile still und nachdenklich in die tief stehende Sonne und genießen das Naturschauspiel aus Föhnsturm und unvermuteter fast sommerlicher Wärme.

Elmar Wepper steigt allein um kurz nach drei Uhr ab ins Tal, weil er noch einen Abendtermin wahrnehmen muss.

Wir, das Fernsehteam und ich, setzen uns zu einer »Premieren-Brotzeit« auf dem Mitterberg zusammen, erschöpft, aber glücklich über den erfolgreichen Verlauf unseres ersten *Gipfeltreffens*. Und als wir nach dem Abstieg auf dem Parkplatz ankommen, ist es bereits stockdunkel.

»Mein Ur-Urgroßvater war ein Königlich-Bayerischer Revierjäger im Hirschgarten. Deswegen haben wir ein Ehrengrab im Winthir-Friedhof.«

»Beim Anblick schöner Natur krieg ich Heimweh«

Mit Veronika Fitz auf dem Hörnle

Das Hörnle

1548 Meter

Im Murnauer Land über Bad Kohlgrub

Das Hörnle (1548 m) ist ein kleiner, liebenswerter Berg über Bad Kohlgrub im Murnauer Land. Schon als Bub bin ich mit meinen Eltern dort hinaufgewandert und es gibt Fotos, auf denen ich an einem föhnigen Neujahrstag auf einem der Gipfel des Hörnle sitze und meinen mittlerweile fast erwachsenen Sohn als fünf Monate altes Baby in einem Tragetuch bei mir habe.

Damit sind wir schon bei den großen Vorteilen des Hörnle: Dieser Berg ist sehr geeignet für Wanderungen mit Kindern, älteren Menschen und, sagen wir mal »unehrgeizigen« Gehern. Es gibt drei Gipfel: das vordere (1484 m), das mittlere (1496 m) und das hintere Hörnle (1548 m). Man kann mit dem Hörnle-Doppelsessellift, der 2004 sein 50-jähriges Jubiläum feierte, gemütlich bis auf eine Höhe von 1390 Metern hochfahren, so dass man gerade mal 100 bis 150 Höhenmeter zu Fuß zu bewältigen hat. Außerdem kann man sich jederzeit unterwegs entscheiden, wie weit und auf welchen der drei Gipfel man gehen will, weil der Weg an allen Dreien vorbeiführt.

Veronika Fitz

Anfahrt

A 95
Murnau
Bad Kohlgrub
Hörnle-Bergbahn

Von München aus fahren Sie auf der Autobahn Richtung Garmisch (A 95) bis zur Ausfahrt Murnau. In Murnau angekommen, geht es Richtung Bad Kohlgrub. In Bad Kohlgrub fahren Sie fast bis ans Ortsende, und biegen bei dem Schild Oberes Kurgebiet/ Hörnle-Schwebebahn links ab. Am Parkplatz der Hörnle-Bergbahn lassen Sie das Auto stehen. Das Parken kostet 2 Euro.

Gipfelweg

Wegzeit:
1 1/4 Stunden

Die Hörnle-Bergbahn ist ganzjährig in Betrieb. Fahrpreise: Erwachsene € 8,–, Kinder € 5,– (Berg- und Talfahrt); Familien- und Gruppenermäßigungen

Nach einer gemächlichen Sesselliftfahrt mit wunderbarem Blick ins Voralpenland bleiben wir am Ausstieg einfach stehen und lassen uns von freundlichen Helfern den Sitz unter dem Hintern wegklappen. Ein einmaliges Patent, das sich seit 50 Jahren bewährt hat, man darf nur beim Aussteigen nicht einfach loslaufen. Schon beim Verlassen der Liftstation öffnet sich ein wunderbarer Ausblick nach allen Seiten. Ganz Faule oder Hungrige begeben sich sofort auf die Sonnenterrasse der Hörnle-Hütte gleich an der Bergstation, wir aber folgen den Tafeln, die in südöstliche Richtung zu den drei Gipfeln des Hörnle weisen.

Einkehrmöglichkeit: Hörnle-Hütte *(ganzjährig geöffnet, im November Betriebsurlaub)*

Schon nach 10 Minuten passieren wir das vordere Hörnle, das wir links liegen lassen. Auch am mittleren Hörnle wandern wir nach einer weiteren Viertelstunde vorbei und kommen auf dem flachen, gemütlichen und sonnigen Weg zur Hörnle-Alm, an der wir bei einem Becher frischer Milch eine erste Pause einlegen.

Nach weiteren 20 Minuten erreichen wir den Gipfel des hinteren Hörnle, und nur auf den letzten paar Höhenmetern kommen wir ein wenig ins Schnaufen, das liegt aber eher am Ratschen als am Weg. Vom Gipfel aus haben wir einen sagenhaften Blick nach Süden auf den Hauptalpenkamm mit der Zugspitze, nach Norden hin schauen wir weit ins Murnauer Seenland und an föhnigen Tagen kann man sogar bis nach München sehen.

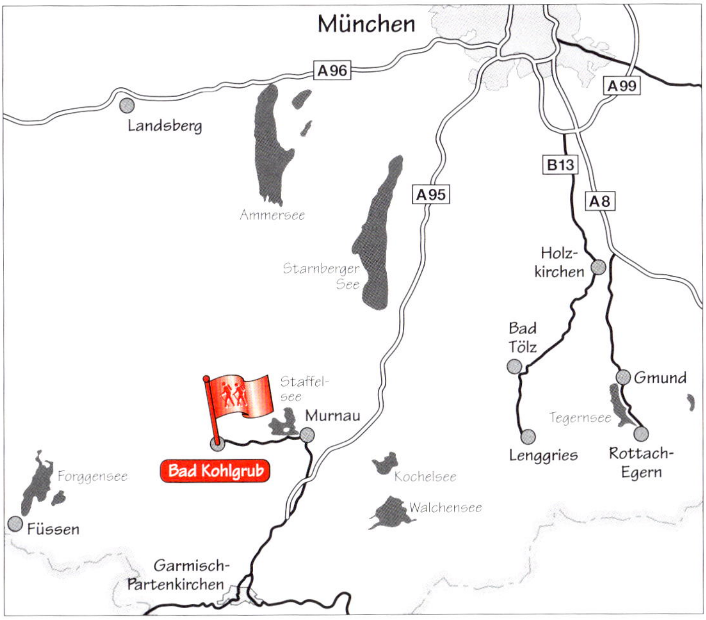

So kommen Sie hin

So kommen Sie hinauf

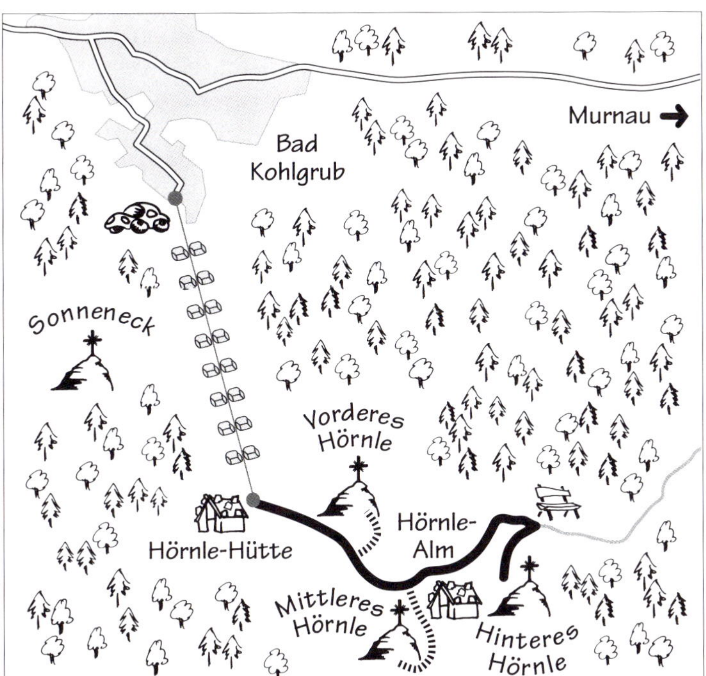

- Parkplatz
- Aussichtspunkt
- Brotzeit-Alm
- Brotzeit-Bankerl
- Gipfel
- Gipfeltreffen-Weg
- alternative Wege

Veronika Fitz

»Ich liebe das Rauchen. Ich verstehe gar nicht, dass Leute nicht rauchen.«

Mein zweiter Gast ist eine Frau – und was für eine! Veronika Fitz: Nicht nur wegen ihrer wunderbaren Verkörperung der Hausmeisterin in der gleichnamigen Fernsehserie ist sie eine der wenigen bayerischen Schauspielerinnen, die fernab jeder Volkstümelei in ganz Deutschland bekannt sind. Mich hat sie mit ihrem Schauspiel immer tief berührt, durch ihre Wärme und Robustheit, aber gleichzeitig auch durch die Zerbrechlichkeit ihrer Charaktere.

»Gut, Schmidbauer, ich gehe mit Ihnen ins Gebirge, aber ich kann nicht weit bergauf gehen. Außerdem ist vor 10 Uhr morgens nichts mit mir anzufangen. Also treffen wir uns um 11 Uhr an der Talstation. Und ich muss wirklich nichts mitbringen?« Ich versichere ihr, dass der Berg nicht steil sei, dass ich die Brotzeit mitbringen würde und sie außer der »angemessenen« Kleidung wirklich nichts mitnehmen müsse.

Und so steigt sie aus dem Auto aus: mit Handtasche, in leichten Halbschuhen, einer dünnen Bluse, darüber ein leichtes Jäck-

chen und einen Seidenschal – bester Laune und voller Tatendrang. Wohlbemerkt: Es ist ein 29. April in den bayerischen Alpen! Am Morgen hat es noch leicht geregnet, ich hoffe inständig, dass die angekündigte Wetterbesserung tatsächlich eintreffen wird, denn sonst würde die Ärmste erbärmlich frieren. Immerhin gibt es in der Gipfelregion noch Schneefelder.

»Mein Gott, wär' ich eine tolle Frau geworden, wenn der richtige Mann gekommen wäre!«

Auch dieses Mal haben wir Glück, wieder kommt uns der Föhn zu Hilfe und der Himmel klärt auf. Erst als während der Gipfelbrotzeit der Wind auffrischt und wir längst per Du sind, bindet sich Veronika Fitz elegant den Seidenschal als Kopfbedeckung um und meint: »Es windet. Du hättest mich auch anrufen können und sagen: Frau Fitz, bringen Sie eine Mütze mit, es windet.«

Doch zurück zum Anfang: Im Doppelsessellift zeigt sich Veronika Fitz noch ein wenig skeptisch. Immerhin ist sie seit Ewigkei-

Tagebucheintrag der jungen Veronika: »Lieber Gott, sollte ich jemals berühmt werden, dann bitte ganz langsam.«

ten nicht mehr Sessellift gefahren und ebenso lang ist sie nicht mehr in den Bergen gewesen. Aber die Skepsis weicht allmählich und bereits bei der ersten »Gipfelzigarette« noch an der Bergstation macht sich bei ihr angesichts der atemberaubenden Aussicht ein deutlich wohligeres Gefühl breit.

Keine zehn Minuten später rezitiert sie mitten auf dem Wanderweg spontan und mit vollem Körpereinsatz eine lange Stelle aus dem »König Drosselbart« – wobei ich die Prinzessin geben muss.

In ihrer ungewöhnlich offenen Art berichtet sie von ihrer Kindheit, die sie als eines von acht Geschwistern eines Künstlerehepaares verbrachte, von ihren turbulenten Beziehungen zu Männern und davon, dass sie immer noch von der großen Liebe träumt: »Irgendwann kommt er, der weiße Ritter, durchs Kornfeld geritten, und ruft ›Veronika, ich hab auf dich gewartet!‹« Aber sie verrät mir auch von ihrer Angst, die sie vor den Wutausbrüchen ihres alkoholkranken Mannes Willi Anders hatte, der schließlich Selbstmord beging.

Doch schnell wechselt sie wieder zu lustigen Anekdoten, erzählt die wunderbare Geschichte von einem vermeintlichen »Kunststudio Wolf«, dessen Mitarbeiter sie mehrmals anrief und anbot, für einen Abguss ihrer nackten Büste 500 000 Mark zu zahlen. Erst als er sie bat, ihm die Maße ihrer Brüste fernmündlich genauer zu beschreiben, bemerkte Veronika Fitz, dass sie es mit einem Telefonspanner zu tun hatte.

Als sie kurz vor dem Gipfel bis zum Knie in ein Schneefeld einbricht, über das ich sie führe, sagt sie lachend: »Sehen Sie, man kann Ihnen nicht vertrauen.« Das hindert sie aber nicht daran, mir Minuten später auf dem Gipfel das Du anzubieten.

Freudig erstaunt nimmt sie das extra mitgebrachte Weißbierglas entgegen und verrät mir eines ihrer Lieblingszitate: »Wir sind alle Pilger auf dem Weg ins Unbekannte«, das ihr als Einstieg dazu dient, mir während des Gipfelgesprächs die Unerklärbarkeit des Seins darzulegen.

»Ich bin sehr gern allein. Um meine große Kollegin Therese Giehse zu zitieren: ›Ich bin ein alleiniger Mensch.‹«

»Ich hab mir fürs Alter vorgenommen: Humor und Güte.«

Ihr Wunsch sei es, in Würde und Gelassenheit in die andere Welt hinüberzugleiten, dann, wenn ihre Zeit gekommen sei.

Bei aller Offenheit und Authentizität bleibt Veronika Fitz während der ganzen Wanderung eine Dame aus der Stadt in einer für sie fremden und ungewohnten Umgebung.

Als ich ihr ein Jahr später zufällig in Starnberg in einer Pizzeria wieder begegne, sagt sie lachend: »Schmidbauer, wann nimmst mich wieder mit rauf?«

Veronika Fitz

»Zurückschauen tu ich ganz selten. Ich bin immer offen für Neues. Eine Suchende bis zum Schluss. Und als Suchende sterbe ich wahrscheinlich.«

»Planlosigkeit ist immer ein guter Plan«

Mit Hubert von Goisern auf dem Wandberg

Der Wandberg

1454 Meter

Zwischen Niederndorf und Walchsee

Gerade mal eine halbe Stunde mit dem Auto von Bad Aibling entfernt liegt das verträumte Örtchen Rettenschöß. Auf die bei uns wenig bekannten Berge zwischen Niederndorf und Walchsee kann man schon früh im Jahr aufsteigen, denn die Südanstiege sind die ersten, die schneefrei sind. Der sanfte Grasgipfel des Wandberg (1454 m) ist besonders schön, weil er, verglichen zu seiner relativ geringen Höhe, eine großartige Fernsicht bietet.

Für Familienausflüge mit kleinen Kindern ist der Weg hinauf besonders geeignet, denn man kann über weite Strecken des Weges einen Kinderwagen schieben oder auch einen Teil mit dem Auto fahren. Die Gipfelkuppe ist flach und übersichtlich, ein idealer Spielplatz für Kinder.

Anfahrt

A 8, Inntaldreieck
A 93, Richtung Kufstein
Ausfahrt Oberaudorf
B 172, Richtung Kössen
Sebi
Rettenschöß
Gasthaus »Zur schönen Aussicht«

Von München aus fahren Sie auf der Autobahn A 8 Richtung Salzburg, ab dem Inntaldreieck weiter auf der A 93 Richtung Kufstein/Innsbruck bis zur Ausfahrt Oberaudorf/Niederaudorf/Ebbs. Von dort geht's weiter auf der Bundesstraße 172 Richtung Kössen/Ebbs/Niederndorf. Nach dem kleinen Ort Sebi fahren Sie an der Abzweigung Wildbichl/Aschau geradeaus und biegen nach einem Kilometer links ab Richtung Rettenschöß, Walchsee. In Rettenschöß halten Sie sich an einer Weggabelung links und folgen dem Schild »Schöne Aussicht, Wandberg«. Die Straße führt in Serpentinen den Berg hinauf bis zum Parkplatz des Gasthauses »Zur schönen Aussicht«, wo Sie das Auto stehen lassen können.

Gipfelweg

Wegzeit:
1 1/2 Stunden

Einkehrmöglichkeit:
Wandberghaus *(geöffnet von Anfang Januar bis Anfang November; Mittwoch Ruhetag außer zwischen Mitte Juni und Ende September)*

Wir folgen der Straße, auf der wir mit dem Auto gekommen sind, weiter bergauf. Bereits nach wenigen Metern, auf der Höhe eines Biobauernhofes zur Rechten, gabelt sich die Bergstraße und wir nehmen den linken Weg, der durch ein Mautschrankerl gesperrt ist.

Für 5 Euro in Münzen könnte man hier mit dem Auto »legal« weiterfahren und so ein großes Stück Weg sparen, aber das machen wir natürlich nicht. Vor uns liegt ein anfangs geteerter, bald aber geschotterter Forstweg, auf dem man ohne große Anstrengung dahinwandern kann. Er führt uns nach wenigen Metern in nördlicher Richtung in einen wunderschönen Wald.

Nach etwa einer Dreiviertelstunde erreichen wir die Rettenbachalmen (1272 m), von denen aus sich uns erstmals der Blick nach Norden ins Voralpenland öffnet. Hier gibt es ein paar malerische Brotzeitfelsen für eine erste Pause.

Wir wenden uns Richtung Osten, der Beschilderung »Wandberg/Wandberghaus« folgend, und schlendern den sonnigen Forstweg entlang, bis wir nach zirka 10 Minuten beim Wegweiser »Wandberg« nach rechts auf einen deutlich steileren und schmaleren Steig abbiegen. Der Forstweg führt auch auf den Wandberg, allerdings »von hinten«, d.h. von Norden über das Wandberghaus. Wir wählen angesichts der frühen Jahreszeit und der restlichen Schneefelder die südliche Route. Der Steig führt nach wenigen Metern aus dem Schatten heraus und offenbart einen gewaltigen Blick auf das verschneite Kaisergebirge, das fortan unser ständiger Begleiter zur Rechten sein wird.

Etwa eine halbe Stunde lang folgen wir diesem herrlichen Panoramaweg, bis wir uns an einer Alm nach links wenden und die letzten Höhenmeter hinauf zum Grasgipfel des Wandberges wandern. Hier warten auf uns ein hölzernes Kreuz mit Gipfelbuch, ein Bankerl und ein bezaubernder Rundblick – und wir können uns gar nicht entscheiden, ob wir bei der Brotzeit lieber ins Gebirge hinein- oder auf das Land hinausschauen sollen.

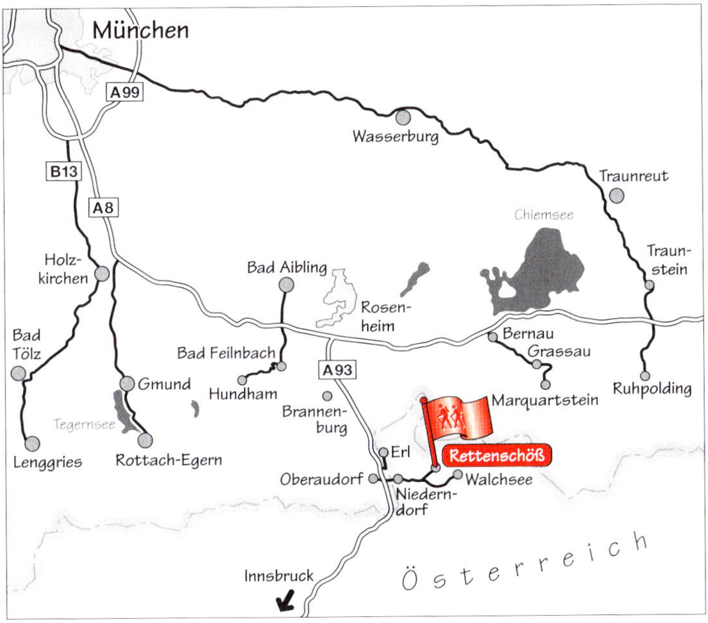

So kommen Sie hin

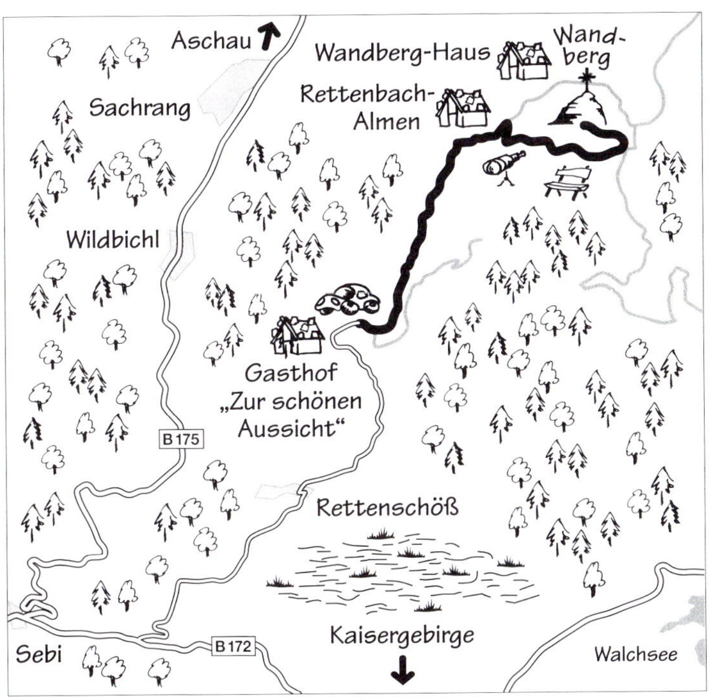

So kommen Sie hinauf

Hubert von Goisern

Um Hubert von Goisern, die Kultfigur und den unumstrittenen Star des Alpenrock, ranken sich viele Mythen. Er sei ein Mann von unbändiger Kraft, ein jodelnder Kosmopolit, aber im Gespräch unnahbar, verschlossen, in sich gekehrt, auf alle Fälle keiner, der gern viel von sich erzählt. Ich kenne Hubert seit vielen Jahren, wir haben gelegentlich auf denselben Bühnen Musik gemacht. Mich reizte die Herausforderung, ob es mir gelingen würde, ihn bei einem *Gipfeltreffen* dazu zu bringen, dass er ein wenig von sich preisgibt. Meine große Hoffnung war, etwas aus seinem privaten Leben zu erfahren, was er bis dahin noch nie offenbart hatte.

»In dem Moment, wo ich draußen bin, bin ich frei.«

Zunächst freute es mich sehr, dass er ohne Zögern zusagte, und so verabredeten wir uns für den 1. Mai 2003, nur zwei Tage nach dem *Gipfeltreffen* mit Veronika Fitz, um 7 Uhr 30 am Parkplatz »Zur schönen Aussicht«.

Es hat die ganze Nacht in Strömen geregnet und jetzt stehe ich mit dem Team im Regen und fahlen Morgennebel. Ich habe von

Hubert keine Handynummer und bin mir überhaupt nicht sicher, ob er sich bei diesem Wetter überhaupt so früh aus dem Bett schält und auf den Weg macht. Doch selbst wenn er kommen würde, bei dem Regen ist an einen Dreh gar nicht zu denken.

»Wer gegen den Strom schwimmt, der entwickelt Muskeln.« (Franz Kein)

Um kurz nach halb Acht taucht ein uralter Campingbus aus dem Nebel auf, darin sitzt, unrasiert und leicht verschlafen, Hubert von Goisern, sein Hund Bongo auf dem Beifahrersitz. Keine fünf Minuten später hört es auf zu regnen. Das Team macht sich drehfertig, ich schultere meinen Brotzeitrucksack und wir machen uns auf den Weg. Kaum sind wir im immer noch nebligen Zwielicht des lichten Waldes unterwegs, da ist Hubert schon mittendrin im Erzählen. Ich erfahre, was seine Frau ihm bedeutet, wie sein Verhältnis zu seinen Kindern ist, und dass er als 18-jähriger Trompeter aus dem Kurorchester Bad Goisern rausgeflogen war, weil er lange Haare hatte und »Dirndl« in der Kapelle nicht zugelassen waren.

»So verrückt, wie ich gern bin, kann ich mir's nur auf der Bühne erlauben. Sonst heißt's, man sei wirklich verrückt.«

Je höher wir hinaufwandern, um so offener und gelöster wird mein Gast. Gleichsam parallel dazu löst sich der Nebel, immer öfter blitzt die Sonne durch die Nebelfetzen und als wir kurz unter dem Gipfel sind, strahlt die Sonne aus einem vom Regen wie gewaschenen, tiefblauen Himmel.

Der Mann aus den Bergen Bad Goiserns, der eigentlich Hubert Achleitner heißt, erklärt mir mit großer Begeisterung die verschiedenen Kräuter und Pflanzen und was sie bewirken, pflückt vom Wegrand Brunnenkresse für die Brotzeit am Gipfel und hält den getrockneten Blütenschwamm einer Distel gegen die Sonne, um die Strahlen durch das wabenähnliche Geflecht scheinen zu lassen.

In den kurzen Pausen, in denen ich mit dem Team die Kamerawege und Einstellungen bespreche, kauert Hubert minutenlang in der Hocke und schaut dabei in die Ferne oder wirft einen

Stock für seinen Hund Bongo, dem das Herumtoben in der freien Natur natürlich einen Mordsspaß macht. Vieles an seinem Verhalten erklärt mir, woher dieser Mann die tiefe und ursprüngliche Kraft schöpft, die sein musikalisches Schaffen durchdringt.

Kurz unterhalb des Gipfels wird Hubert der breite Wanderweg zu langweilig. Wir laufen also querfeldein direkt Richtung Gipfelkreuz. Dieser sehr steile Aufstieg bringt uns gehörig ins Schnaufen, dennoch erzählt mir Hubert, der in diesem Jahr fünfzig Jahre alt wurde, während des schnellen Steigens unbeirrt, dass er Wege überhaupt nicht mag. Als junger Mann stieg er an einem Tag zweimal auf einen Dreitausender, weil er erst unten bemerkte, dass er oben seinen Autoschlüssel hatte liegen lassen. Das schnelle Steigen ist weiterhin seine bevorzugte Gehweise, auch wenn er einräumt, dass er inzwischen nach einer Bergtour länger zum Regenerieren braucht, aber mental stärker ist als vor 20 Jahren.

»Wege sind mir fremd. Wenn ich auf den Berg gehe, schau ich, wo ich rauf will – und dann gehe ich direkt drauf zu.«

Völlig außer Atem erreichen wir den Wandberggipfel und erst da wird uns bewusst, dass Stephan Nöbauer mit seiner knapp vierzig Kilo schweren Steadicam diesen schnellen und unwegigen

»Ich brauche das Publikum, sonst könnte ich es mir nicht leisten, mit so guten Musikern so viel Zeit zu verbringen.«

Gipfelsturm mit laufender Kamera mitstieg. Jetzt haben wir uns die Brotzeit redlich verdient! Hubert freut sich sehr über das mitgebrachte dunkle Weißbier. Vor der großartigen Kulisse des Kaisergebirges entwickelt sich zwischen uns ein sehr entspanntes Gipfelgespräch, während dessen ein offenbar höchst ehrgeiziger Wanderfreund mit hochrotem Kopf heraufstürmt, ohne vom Boden aufzublicken an uns vorbeischnauft, das Gipfelkreuz abklatscht, sich umdreht und ebenso schnell und grußlos wieder verschwindet. Wir schauen dem seltsamen Bergkameraden lange wortlos nach und brechen schließlich gleichzeitig in ein herzliches Lachen darüber aus, wie verschieden die Gemüter doch sein können.

Bei der Verabschiedung am Gipfelkreuz umarmen wir uns herzlich. Hubert versichert mir, dass es für ihn ein wunderbarer Tag gewesen sei und macht sich mit Bongo auf den direkten Abstieg quer über die Gipfelwiese hinunter ins Tal, um abends noch mit seinem Sohn dessen 15. Geburtstag zu feiern.

So zweifelnd ich am Anfang des Tages noch war, so zufrieden steige ich hinunter und habe das Gefühl, einen Hubert von Goisern erlebt zu haben, der tatsächlich so persönlich und offen war, wie ihn das Fernsehpublikum noch nie erlebt hat. Und viel gelacht haben wir auch.

»Nur schee
is fad.«

»Auf dem Berg droben gibt's nur Schönes.
Da ist man nur Freund«

Mit Schwester Theodolinde auf dem Hochfelln

Der Hochfelln

1671 Meter

In den Chiemgauer Alpen

Es war Schwester Theodolinde selbst, die vorschlug, für unser *Gipfeltreffen* auf den Hochfelln (1671 m) zu gehen. Der Hausberg der Adelholzener Schwestern ist einer der markantesten und beliebtesten Berge in den Chiemgauer Alpen. Eine moderne Gondelbahn befördert die Bergtouristen in wenigen Minuten vom Ort Bergen aus bis kurz unter das Gipfelkreuz. Dennoch, oder vielleicht deshalb war ich selber bis dahin noch nie auf dem Hochfelln. Eine Woche vor dem vereinbarten Drehtag ging ich alleine die empfohlene Route von der Steinbergalm bis zur Mittelstation, fuhr mit der Gondel hinauf zur Bergstation und machte mich auf den viel gerühmten Panoramarundweg bis zum monumentalen eisernen Gipfelkreuz.

Es war Ende April und der Schnee lag nordostseitig noch fast bis hinunter zur Mittelstation. Auch der Weg war an manchen Stellen noch verschneit, aber trotzdem gut zu gehen. Dieser halbstündige Gipfelrundweg begeisterte mich restlos, er ist zwar sehr exponiert, in fast hochalpiner Umgebung, aber trotzdem kinderleicht zu gehen. Die Aussicht ist wunderschön. Nach meiner »Gipfelbesichtigung« setzte ich mich zu ein paar einheimischen Skitourengehern vor das Hochfellnhaus in die Sonne. Der vollbärtige Hüttenwirt Lois kam auch dazu und ich erfuhr, dass Schwester Theodolinde durchaus selbst gelegentlich auf ein Weißbier heraufkommt, und bei den Menschen hier den Ruf einer geschäftstüchtigen, aber auch warmherzigen und humorvollen Frau genießt, von der jedermann mit Achtung und Sympathie spricht.

Anfahrt

A8, Ausfahrt Traunstein/Siegsdorf Ruhpolding Richtung Maiergschwendt Steinbergalm

Sie fahren auf der Autobahn A8 Richtung Salzburg bis zur Ausfahrt Traunstein/Siegsdorf. Von da aus geht es den Schildern nach direkt bis nach Ruhpolding. Kurz nach der Ortseinfahrt biegen Sie rechts ab Richtung Maiergschwendt, und halten sich Richtung Steinbergalm am Steinbach entlang bis zur Steinbergalm. Dort lassen Sie das Auto auf dem gebührenpflichtigen Parkplatz stehen.

Gipfelweg

Wegzeit: 1 1/4 Stunden

Die Hochfellnseilbahn ist ganzjährig in Betrieb. Fahrpreise: Erwachsene € 10,– / € 15,–, Kinder € 5,50 / € 8,– (Berg- und Talfahrt Mittelstation–Gipfel/ Tal–Gipfel)

Einkehrmöglichkeit: Hochfellnhaus *(ganzjährig und täglich geöffnet)*

Von der Steinbergalm aus führt uns ein gemütlicher, überwiegend schattiger Weg in einer halben Stunde zur Mittelstation der Hochfelln-Seilbahn. Kurz bevor wir diese erreichen, führt der Weg aus dem Wald heraus. Hier gibt es einige wunderschöne Bäume und freiliegende Felsen, die zu einer ersten kleinen Pause einladen. Von einer kleinen Kuppe aus sehen wir beim Weitergehen nach kurzer Zeit das riesige moderne Seilbahngebäude.

Von dort schweben wir hoch über dem Fußweg mit der Gondel in wenigen Minuten hinauf zur Bergstation. Von der Bergstation aus sehen wir schon die Beschilderung für den Gipfelrundweg, den wir Richtung Süden beginnen und der uns in einer halben Stunde auf einem schmalen, aber ohne Probleme zu bewältigenden Steig auf und ab zum Gipfelkreuz des Hochfelln führt. Entlang dieses Weges stehen viele Bankerl, auf denen man in Ruhe das wunderbare Alpenpanorama genießen kann.

Das Gipfelplateau rund um das 7 m hohe Kreuz, das anlässlich des 100. Geburtstages von König Ludwig I. aufgestellt wurde, ist etwas exponiert und eng. Wir gehen daher wenige Meter zurück Richtung Hütte und kraxeln auf einen gemütlichen Felsen mit Blick auf das Gipfelkreuz und das Voralpenland rund um den nahen Chiemsee. Ein idealer Platz für die Gipfelbrotzeit, zum Rasten, Schauen und Ratschen.

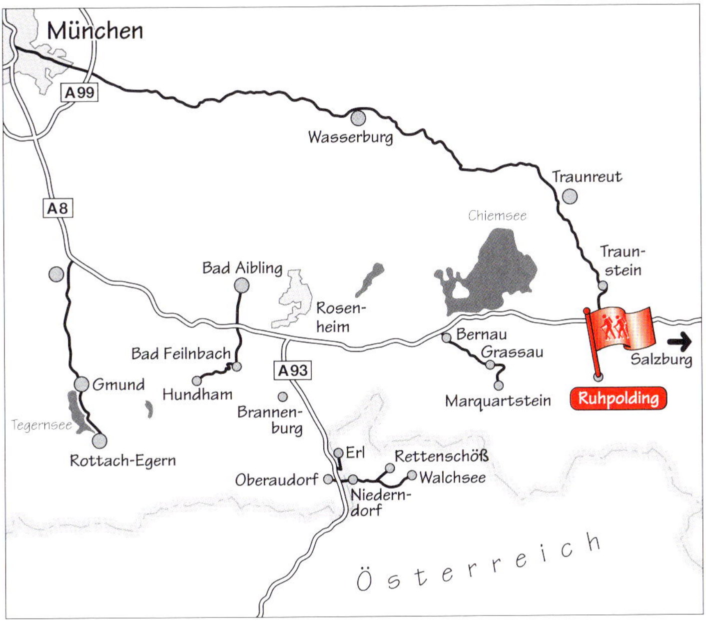

So kommen Sie hin

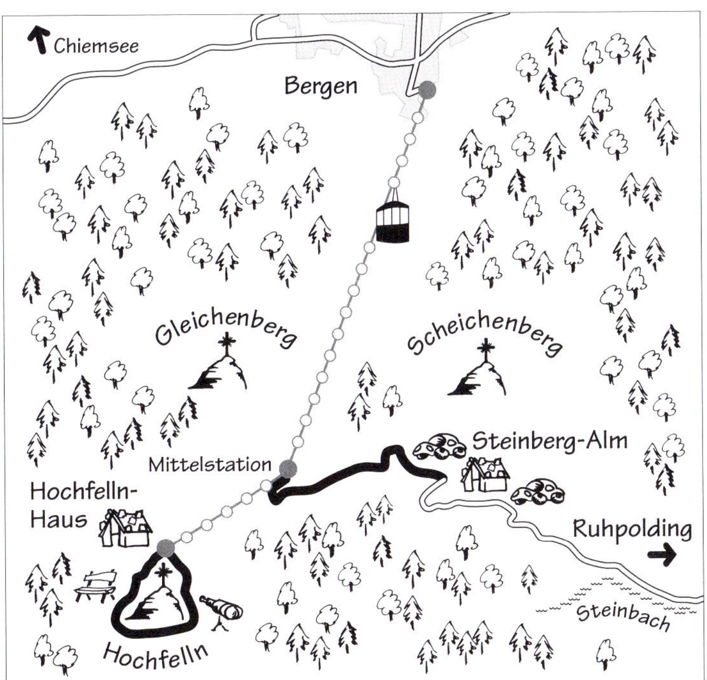

So kommen Sie hinauf

Schwester Theodolinde

»Für mich ist Christus ein guter Freund. Ein Bruder.«

Bei der Recherche für dieses *Gipfeltreffen* schien es mir manchmal leichter zu sein, den Papst zum Kaffee einzuladen als Schwester Theodolinde ans Telefon oder gar zu einem *Gipfeltreffen* zu bekommen. Eine PR-Referentin wickelt freundlich, aber bestimmt die Termine der viel beschäftigten Ordensfrau ab. Erst kurz vor der geplanten Wanderung hatte ich eines Abends endlich Schwester Theodolinde persönlich am Apparat. Schon nach den ersten Sätzen war ein Draht da. Wir verstanden uns ausgezeichnet, lachten viel und obwohl sie immer wieder darauf verwies, dass ihre persönliche Geschichte doch unerheblich sei und es viel mehr um den Orden der Barmherzigen Schwestern, die Adelholzener Alpenquellen und den Glauben an Jesus Christus ginge, war ich nach unserem Telefonat überzeugt, dass mir ein außergewöhnlich spannendes und persönliches *Gipfeltreffen* bevorstand.

Schwester Theodolinde lud dazu ein, uns vor der Bergtour in der Kantine des von den Barmherzigen Schwestern geführten Adelholzener Getränkekonzerns mit Brotzeit und natürlich Adelholzener Alpenquellwasser einzudecken, was wir gerne annahmen.

Am Parkplatz der Steinbergalm angelangt, zieht sie erst einmal die Weste mit der großflächigen Adelholzener Werbeaufschrift über ihr Schwesternhabit. Übrigens erweist sich die eingangs erwähnte PR-Referentin in klerikalen Diensten, die bei der Wanderung mitkommt, am Tag des *Gipfeltreffens* als hübsche, blonde Frau Mitte zwanzig, die erst nach dem Abstellen ihres Cabriolets an der Steinbergalm die Stöckel- gegen die Bergschuhe tauscht.

»Adelholzener active O^2 – des is a Powerwasser.«

Von Anfang an erlebe ich Schwester Theodolinde als gütige, kluge und leidenschaftlich erzählende Frau, die ihr Leben bereits als 14-Jährige dem Dienst für ihren Glauben gewidmet hat – nicht geopfert!

Sie kann über Blumen am Wegrand in Begeisterung geraten, über ihren gemeinsamen Werbespot mit Oliver Kahn philosophieren, den Sinn von Einwegflaschen im »Convenience-Bereich« erklären und den engen Zusammenhang von Gehen und Glauben erläutern. Immer erzählt sie spannend, persönlich, wahrhaftig.

»Ich sehe meinen Willen nicht, ich sehe mein Denken nicht, aber ich weiß, ich hab's. Und so ist die Gegenwart Gottes in uns präsent. Aber dass er da ist, das muss man lernen und üben.«

Die Zeit vergeht wie im Flug. Bald schon sind wir an der Mittelstation der Bergbahn, und ich erfahre in der Gondel auf der Fahrt nach oben, dass auf dem Berg alle Menschen gleich seien und sie sich Gott hier ganz besonders nahe fühle.

An der Bergstation angelangt, zieht sich der Himmel zu. Bis zum großen Regen bleibt nur noch wenig Zeit, und so legen wir den Panoramarundweg sehr rasch zurück und erreichen bei bedrohlichem Wetter, aber bester Laune den Gipfel des Hochfelln. Hier bietet mir die Schwester das Du an und wir verharren eine kurze Weile im stillen Gebet, bevor sich Theodolinde ohne große Überredung auf eine Gipfelhalbe einladen lässt, die ich kurzerhand einschließlich zweier Gläser beim Hüttenwirt des Hochfellnhauses »abgestaubt« habe.

Schwester Theodolinde erzählt mir, dass sie den Tod nicht fürchte, sondern sich vielmehr auf die Begegnung mit Gott freue. Auf meine Nachfrage, was denn sei, wenn Gott nach ihrem Tod sein »Date« mit ihr nicht einhalte, entgegnet sie hocherstaunt: »Ja, was du fragst … der ist da! Das ist überhaupt keine Frage: Natürlich ist er da!«

Lächelnd bekennt sie, dass ein Leben ohne Ehe und der damit verbundenen weltlichen Lebensform für sie keinen Verzicht bedeute, es sei ihr ureigener Weg um des Himmelreiches willen. Außerdem habe sie auf dieser Welt noch ganz viel vor, bevor sie alt werde.

Kaum haben wir auf das Gelingen ihrer Pläne und auf gute Gesundheit angestoßen, beginnt der Himmel, seine Schleusen zu öffnen und es regnet in Strömen.

Zusammen mit dem Team, das an vier Tagen drei *Gipfeltreffen* aufgezeichnet hat, sitzen wir müde, aber zufrieden in der Hochfelln-Hütte und lassen uns vom Hüttenwirt Lois ausgiebig bewirten.

»Was ist denn Stress? Man kann nicht mehr arbeiten als einem sein Rhythmus vorgibt. Ich arbeite eins nach dem anderen.«

In der letzten Gondel, die ins Tal fährt, umarmt Theodolinde mich herzlich. Sie versichert mir, dass sie einen neuen Bruder gewonnen habe. Ich steige als Einziger an der Mittelstation aus,

»Eitel bin ich nicht, aber man muss sauber beinander sein. Ohne Spiegel geht gar nix.«

um allein durch den Regen zurück zur Steinbergalm zu gehen und meinen Gedanken nachzuhängen.

Noch heute ruft mich Schwester Theodolinde gelegentlich an oder schreibt mir am frühen Sonntagmorgen eine E-Mail, um mir mitzuteilen, dass sie mich in ihr Morgengebet eingeschlossen hat. Eine bemerkenswerte Frau, deren Kraft, Ehrlichkeit und Optimismus in mir einen tiefen Eindruck hinterlassen haben.

»Gott ist nicht
da droben im Himmel,
er ist in deinem
Herzen.«

»Der Ausblick ist jeden Schnauferer wert«

Mit Alfons Schuhbeck auf dem Hirschberg

Der Hirschberg

1670 Meter

Über dem Tegernsee

Auf der Suche nach geeigneten Zielen für das *Gipfeltreffen* bat ich Hermann Magerer um Rat. Hermann, der legendäre Erfinder der BR-Sendung »Bergauf – Bergab«, verfügt nicht nur über einen riesigen Schatz an Bergerfahrungen, sondern gibt sie auch uneigennützig und selbstverständlich weiter. Er legte mir den Hirschberg (1670 m), seinen Lieblingsberg, ans Herz und bot an, mich bei einer gemeinsamen Bergtour auf den Gipfel dieses Münchner Hausberges zu führen. So trafen wir uns an einem strahlenden Sommermorgen in Scharling südlich des Tegernsees. Es war für mich eine Ehre und große Freude, diesen berühmten Bergfilmer kennen zu lernen. Während des ganzen Weges erzählte er mit großer Begeisterung von seinen Erlebnissen in den Bergen. Mit Staunen bemerkte ich die unglaubliche Fitness dieses Mannes, der – mittlerweile fast siebzig Jahre alt – noch immer leidenschaftlicher Gleitschirmflieger ist. Als mir auf dem Rückweg die Beine spürbar schwer wurden, ging er mit federndem Gang neben mir her, ohne auch nur einmal ins Schnaufen zu kommen oder einen Schweißtropfen auf der Stirn zu haben.

Der Tipp mit dem Hirschberg erwies sich als goldrichtig, denn der Weg ist wunderschön und abwechslungsreich, auch wenn sich der erste Wegabschnitt auf dem Forstweg ein wenig hinzieht. Der Ausblick vom Gipfel schließlich ist, um mit Alfons Schuhbeck zu sprechen, »jeden Schnauferer wert«.

Anfahrt

A8
Ausfahrt Holzkirchen
Gmund am Tegernsee
Bad Wiessee
Rottach-Egern
Scharling

Von München aus fahren Sie auf der Autobahn Richtung Salzburg (A8) bis zur Ausfahrt Holzkirchen. Von da führt die Landstraße bis nach Gmund am Tegernsee. Dort halten Sie sich rechts, auf der B318 am Westufer des Tegernsees entlang. Nach Bad Wiessee und Rottach-Egern geht es kurz nach der Südspitze des Tegernsees rechts ab Richtung Scharling/Kreuth. Nach zirka 1,5km erreichen Sie das Ortsschild Scharling. Hier ist auf der rechten Seite ein privater Parkplatz: der Ausgangspunkt der Tour. Man steckt 2 Euro in ein aufgestelltes Holzkasterl und los gehts.

Gipfelweg

Wegzeit:
2 1/2 Stunden

Einkehrmöglichkeit:
Hirschberghaus
(ganzjährig geöffnet, Dienstag Ruhetag)

Vom Parkplatz aus folgen wir den Wegweisern Hirschberg und Hirschberghaus, wandern erst in westlicher Richtung 5 bis 10 Minuten aus dem Ort Scharling heraus und dann weiter auf einem schattigen Forstweg. Auf diesem gehen wir eine knappe Stunde, bis wir zur Station der Materialseilbahn zum Hirschberghaus gelangen. Der Weg ist schattig und angenehm zu gehen, aber zieht sich ein bisschen. Von der Materialseilbahn aus führt ein durchaus anspruchsvoller, markierter Steig hinauf zum Hirschberghaus, das wir leicht außer Atem und mit einem ordentlichen Durst nach einer dreiviertel Stunde erreichen. Ein wunderschöner Platz für eine erste Pause und eine Radlerhalbe.

Vom Hirschberghaus zieht sich ein sanfter, aber traumhaft exponierter Weg in etwa einer halben Stunde über einen geschwungenen, latschenbewachsenen Aussichtsgrat bis hinauf zum Hirschberggipfel, von dem aus wir, sofern kein Hagelgewitter kommt, einen wunderbaren Panoramablick hinein in das Alpenmassiv und heraus auf den Tegernsee und das Voralpenland genießen. Der Hirschberg ist mit Sicherheit einer der schönsten Aussichtsgipfel in den Tegernseer Alpen, und seine sanfte Graskuppel lädt zu einer ausgiebigen und genussvollen Brotzeit ein ... wie gesagt, wenn kein Hagelgewitter kommt.

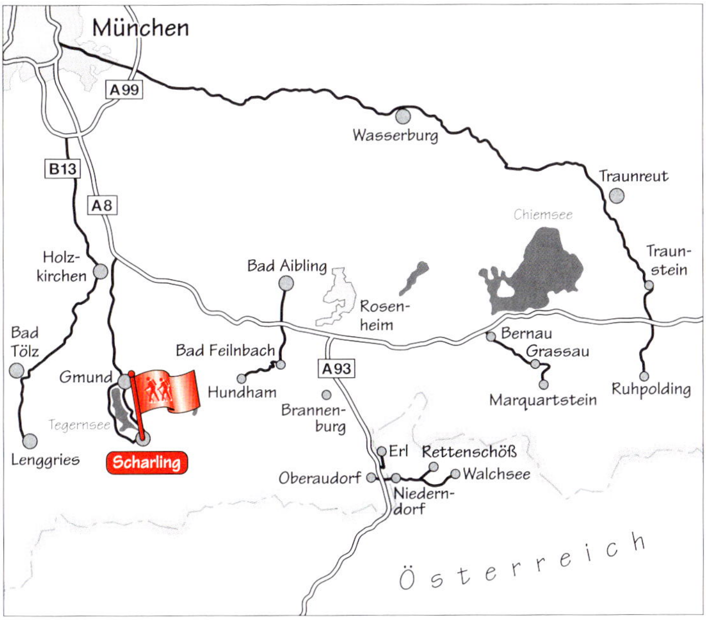

So kommen Sie hin

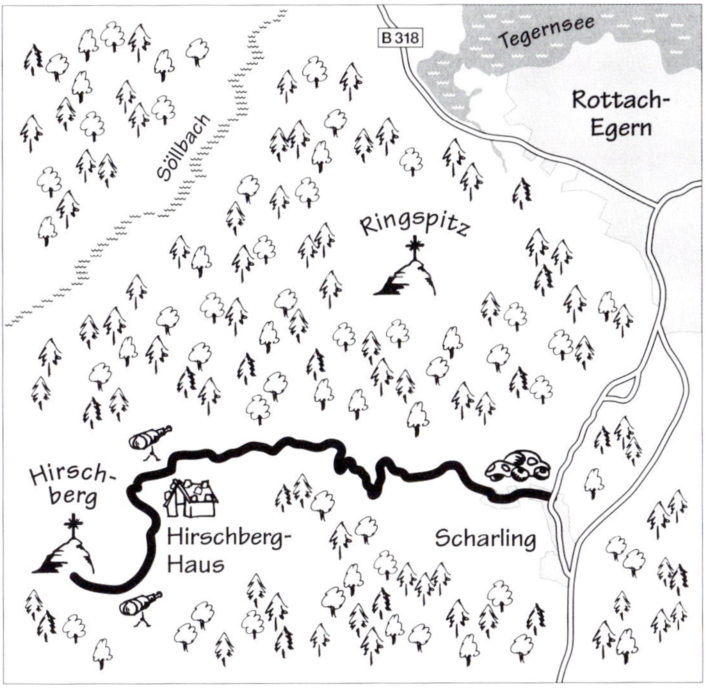

So kommen Sie hinauf

Alfons Schuhbeck

Mein nächster Wunschgast war Alfons Schuhbeck. Freunde von ihm machten mir wenig Hoffnung: Der Meisterkoch sei permanent im Arbeitsstress und hätte sich seit Jahren keinen ganzen Tag für irgendwelche Freizeitaktivitäten frei genommen.

Ich rief ihn trotzdem an, erzählte ihm von dem Konzept und lud ihn zu einem *Gipfeltreffen* ein – und er sagte sofort begeistert zu. Wir vereinbarten, dass ich wie immer die Brotzeit besorgen würde und wir uns an einem Morgen im Juli des Hitzesommers 2003 um 9 Uhr auf dem Parkplatz in Scharling treffen würden.

»Ich bin eine Kampfmaschine. Ich gebe nur Gas. Das Problem ist, ich weiß gar nicht, wo die Bremse ist.«

Sicherheitshalber rief ich Alfons Schuhbeck am Tag zuvor noch einmal an, um ihn an den Termin zu erinnern, und ihm außerdem ans Herz zu legen, nicht zu lange aufzubleiben. Ich erwischte ihn am späten Nachmittag im Taxi auf dem Weg nach Wien, wo er für vierhundert Leute kochen sollte. »Aber morgen um sechs steige ich in den Flieger und bin pünktlich da.«

»Eine Gazelle ist was anderes.«

Am nächsten Morgen steigt Alfons Schuhbeck aus dem Auto: leicht blass nach drei Stunden Schlaf, einem verspäteten Rückflug und einer rasenden Autofahrt – aber hoch motiviert. In Bügelfaltenhose, schickem Hemd und nagelneuen italienischen Designerhalbschuhen. Es ist kurz vor 11 Uhr und wir sind alle erleichtert, dass er überhaupt da ist, der Schuhbeck, auch wenn er anfänglich ein wenig gestresst und wie künstlich in die freie Natur »reingesetzt« wirkt. Seit 35 Jahren hat er, der ja in Traunstein geboren ist, keine Bergtour mehr gemacht. Noch haben wir keine Ahnung, wie sehr derselbe Schuhbeck zwei Stunden später in stürmenden Naturgewalten mit dem Berg verwachsen würde.

Das Thermometer zeigt jetzt schon knapp 30 Grad und für den frühen Nachmittag sind schwere Gewitter vorausgesagt. Bereits nach den ersten Metern ist Alfons Schuhbeck nass geschwitzt und ein wenig außer Atem.

»Früher bin ich barfuß aufs Kreuzeck. Ich war schon immer verrückt, nie normal. Ich find das Erwachsensein auch so langweilig.«

Überrascht höre ich zu, wie er auf dem zum Teil recht steilen Anstieg zum Hirschberghaus offen und persönlich über seine Kindheit in Traunstein, die Adoption durch den »alten Schuhbeck« und seine Lehr- und Wanderjahre in London, Paris und anderen Städten erzählt. Weder die drückende Hitze von inzwischen 35 Grad noch das durchgeschwitzte Hemd und die Atemnot können seine prächtige Erzähllaune dämpfen. Wir verschnaufen kurz und genießen die Aussicht auf den Tegernsee und mein Gast stellt fest: »Der Blick ist jeden Schnauferer wert!«

Am Hirschberghaus genehmigen wir uns eine kleine Pause und eine Radlerhalbe. Plötzlich kommt ein starker Wind auf, dunkle Wolken rasen über den Himmel – unmissverständliche Vorboten eines nahenden Gewitters. Doch Alfons Schuhbeck will unbedingt weiter bis zum Gipfel: »Jetzt kommt's auf, ob wir Weicheier sind oder nicht.« Nach kurzer Rücksprache mit dem Team beschließen wir weiterzugehen, so lange es geht.

Über den relativ ausgesetzten Grat Richtung Hirschberggipfel wandern wir dem Gewitter entgegen. Je stärker uns der Sturm ins Gesicht bläst und je dunkler der Himmel sich verfärbt, umso ruhiger und gelassener wird Alfons Schuhbeck. Seelenruhig erzählt er Anekdoten von seinen beiden Kindern, seiner Lebensgefährtin und dem Wunsch, endlich mehr für sich selbst tun zu können.

Kurz vor dem Gipfel schlägt uns eine starke Sturmböe entgegen, es beginnt zu donnern und die ersten schweren Tropfen fallen vom Himmel. Ich will gerade den Dreh abbrechen und zur Umkehr mahnen, doch Alfons ist fest entschlossen: »Ich kann doch nicht zwanzig Meter unter dem Gipfel sagen, jetzt drehen wir um, bloß weil es drei Mal einen Tropfen runtergehaut hat. Die Sendung heißt ja nicht *Von Hütte zu Hütte*, sondern *Gipfeltreffen*«. Und so laufen wir weiter, auch die Kollegen mit den Kameras, um wenigstens vor dem großen Hagel den Gipfel zu erreichen.

»Meistens haben die Menschen im Leben keinen Erfolg, weil sie es nicht erwarten können. Manchmal ist man einen Meter unter dem Gipfelkreuz, nur man weiß es nicht.«

Kaum stehen wir unter dem Kreuz, rast eine Hagelwand auf uns zu, wir können gerade noch das Gipfelbier aufmachen. Ein sichtlich gerührter, glücklicher Alfons Schuhbeck umarmt mich und bedankt sich für dieses wunderbare Erlebnis. Doch in diesem

»Wichtig sind nicht die Prominenten. Wichtig ist der normale Gast, denn der geht raus und entscheidet, ob er wiederkommt, und davon lebst du.«

Moment bricht das Gewitter richtig los, wir packen die Sachen und laufen durch Regen, Sturm und Hagel zurück zum Hirschberghaus. Als wir vollkommen durchnässt in die Hütte eintreten, stellt Alfons Schuhbeck fest: »So ein Gewitter reinigt die Luft … und das Hirnkastl.«

Der Hüttenwirt kocht für uns alle auf und Alfons lässt es sich nicht nehmen, das ganze Team einzuladen. Nach einer guten Stunde ist das Gewitter vorbei und wir wieder einigermaßen trocken. Die Sonne scheint und die »gewaschene« Luft ist deutlich abgekühlt.

So machen wir uns auf den Weg ins Tal. Auch wenn das Kernstück des *Gipfeltreffens,* das entspannte Gespräch bei der Brotzeit unter dem Gipfelkreuz, buchstäblich ins Wasser gefallen war, habe ich das Gefühl, sehr viel über den Menschen und das Phänomen Alfons Schuhbeck erfahren zu haben, mehr als es in einem wind- und wettergeschützten Studio möglich gewesen wäre.

»Genuss zulassen ist etwas ganz Wichtiges. Das ist eine Zeitfrage. Vor allem beim Essen.«

»Der liebe Gott wächst auf einem Misthaufen«

Mit Jürgen Fliege auf dem Schwarzenberg

Der Schwarzenberg

1188 Meter

Zwischen Bad Feilnbach und Fischbachau

Der Schwarzenberg (1188 m) ist ein kleiner bewaldeter »Buckel« zwischen Bad Feilnbach und Fischbachau. An den Wochenenden wandern hier viele Familien mit kleinen Kindern, aber auch ältere Menschen, weil die Tour auf den Gipfel einfach und kurz, der Ausblick aber erhaben und wunderschön ist. Außerdem gibt es am Gipfel genügend Bankerl für eine Gipfelbrotzeit und bei warmem Sommerwetter kann man sich auch ein paar Meter weg vom Gipfelkreuz ins Gras legen und hinüber zum Wendelstein blinzeln oder ein wenig wegdösen, solange einen nicht eine Schafherde aus dem Schlaf schreckt. Dem Schwarzenberg wird wie dem Mitterberg eine besondere Energie nachgesagt. In Vollmondnächten kann es einem schon passieren, dass man nicht der Einzige ist, der sich mit seinem Schlafsack auf dem Gipfel niederlegt. Angst vor der Dunkelheit braucht man auch nicht haben, weil am mächtigen Kreuz ein lebensgroßer geschnitzter Jesus über den Gipfel und seine Besucher wacht.

Anfahrt

A 8
Ausfahrt Bad Aibling
Bad Feilnbach
Richtung Hundham/ Fischbachau
Schwarzenberg
Kirchstiegl-Wirt

Sie fahren auf der Autobahn A 8 Richtung Salzburg bis zur Ausfahrt Bad Aibling. Hier verlassen Sie die Autobahn und halten sich rechts Richtung Bad Feilnbach. Kurz vor Bad Feilnbach geht es rechts ab Richtung Hundham/Fischbachau, zirka 500 m vor Hundham biegt links die Schwarzenbergstraße ab. Dieser folgen Sie und erreichen etwa einem Kilometer den Ort Schwarzenberg. Dort parken Sie auf dem Parkplatz beim Kirchstiegl-Wirt.

Gipfelweg

Wegzeit:
1 1/2 Stunden

Einkehrmöglichkeit:
Kirchstiegl-Wirt

Hinter dem Kirchstiegl halten wir uns links und wandern auf einer Straße, die in einen Schotterweg übergeht, Richtung Süden aus dem Ort heraus, vorbei an wunderschönen Bauernhäusern und Schafweiden. Nach einer knappen halben Stunde auf einem recht flachen Weg am Hang entlang mit herrlichem Blick über die Hochebene und auf das Spitzinggebiet erreichen wir eine Teerstraße, der wir links bergauf etwa 20 Minuten bis zu einem Bergbauernhof folgen.

Oberhalb des Hofes führt uns ein kerzengerader, von alten Bäumen gesäumter Steig den Schwarzenberg hinauf. Immer wieder laden Bankerl zu einer ersten Rast ein. Wir kreuzen einen geteerten Fahrweg, bis wir nach einer guten halben Stunde einen Sattel erreichen, auf dem rechter Hand eine zur Jugendherberge umfunktionierte Alm, die Schwarzenberg-Alm, liegt.

Hier wenden wir uns nach links und setzen zum letzten Anstieg an, der ein wenig steiler ist als der bisherige Weg. Nach etwa 10 Minuten stehen wir, nur leicht außer Atem, auf dem schönen, grasbewachsenen Gipfel des Schwarzenbergs.

Hier erwarten uns ein großes geschnitztes Kreuz mit Jesus, mehrere Bankerl, ein großartiger Ausblick auf das Voralpenland, den Breitenstein und den nahen Wendelstein und gelegentlich auch eine Schafherde ... und natürlich eine Gipfelbrotzeit.

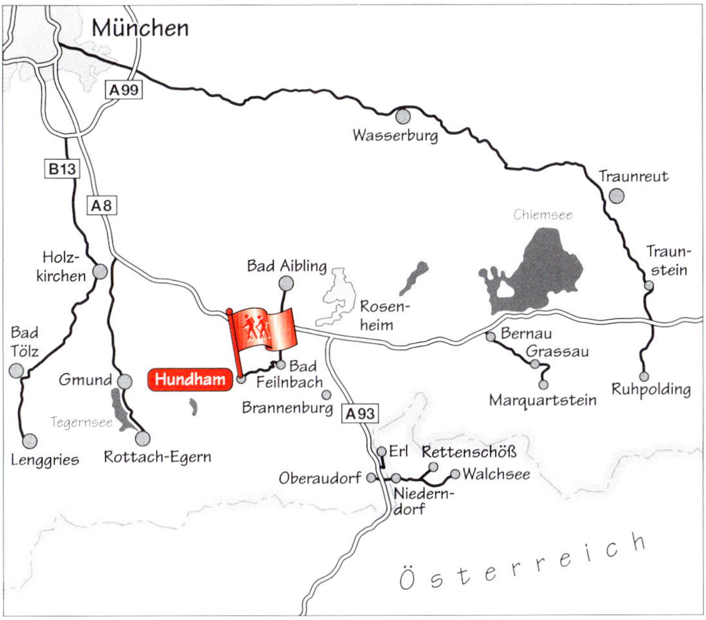

So kommen Sie hin

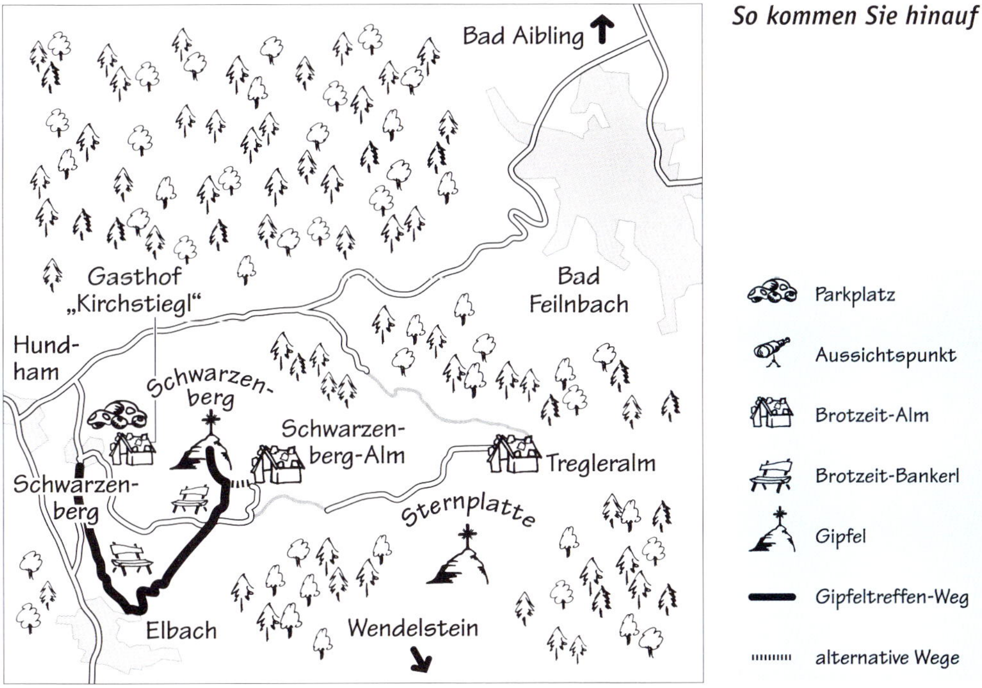

So kommen Sie hinauf

Jürgen Fliege

Jürgen Fliege konnte ich mir nur schwer mit Bergstiefeln und Rucksack in den Bergen vorstellen. Doch ich war überzeugt, dass einem Fernsehpfarrer, der täglich im Studio eine Talkshow macht, etwas frische Luft bestimmt gut tun würde. Ich war sehr gespannt, was mein berühmter Moderatorenkollege zu sagen hatte, zumal er ein Mensch ist, der stark polarisiert. Mich interessiert seine Leidenschaftlichkeit und seine offene Neigung zu Spiritualität, Heilern und Schamanen.

»Ich bin ein Widder. Ich will immer alles jetzt! Deswegen ist das spirituelle Programm, das da heißt ›Geduld‹, die große Herausforderung meines Lebens.«

Wir kannten uns bereits von einer früheren Talkshow und ich freute mich, als er sofort für ein *Gipfeltreffen* zusagte. Wegen seiner Höhenangst sollte ich einen harmlosen Gipfel ohne steile Abhänge aussuchen.

Meine Wahl fiel auf den Schwarzenberg, den ich mit meinen Kindern schon oft erwandert habe. Er ist ein ideales Ziel für ein *Gipfeltreffen,* und weil diesem Berg ja besondere energetische Eigenschaften zugesprochen werden, schien er mir für einen spirituellen Menschen wie Jürgen Fliege besonders geeignet.

Zeit für das übliche ausführliche Vorgespräch hatte Jürgen Fliege nicht. »Frag einfach, ich werde offen sein für alles, dann sehen wir schon, was passiert.« Es ist viel passiert in diesem Gespräch, und sein Versprechen der Offenheit hat er eingelöst.

»Meine Heimat ist nicht Bayern, auch nicht das Rheinland. Meine seelische Heimat sind alte Choräle.«

An einem strahlenden Morgen kommt ein gut gelaunter Jürgen Fliege eine halbe Stunde vor der vereinbarten Zeit mit seinem Cabrio am »Kirchstiegl«-Parkplatz an. Laut singend schnürt er die Bergschuhe und mischt telefonisch noch kurz in der gerade laufenden »Fliege«-Redaktionssitzung mit. Mit seiner Weste und einem kleinen Lederrucksack ist er absolut gebirgstauglich ausgerüstet.

Schon auf den ersten Metern bekennt er, dass dies die allererste Bergtour seines Lebens sei und dass er im Sport immer schon eine Niete war. Offernherzig beschreibt er seine Kindheit im Rheinland, seine fünf Geschwister und gesteht, dass er wegen seiner

»Vor indianischen Traditionen, die zehntausend Jahre älter sind in ihrer Spiritualität, verneige ich mich und sage: ›Was wissen die über Mutter Erde, was ich nicht weiß?‹«

Legasthenie drei Mal in der Schule sitzen geblieben ist. Bei der Schilderung seiner Angst vor dem schlagenden Vater klingen Wehmut, aber auch Verständnis für die Situation des Vaters im Nachkriegsdeutschland durch.

Von seiner Mutter spricht er voller Anerkennung. Sie ist trotz ihres hohen Alters und ihrer schweren Lähmung der humorvolle, immer noch bestimmende Mittelpunkt der Familie. Ein paar Tage nach unserem *Gipfeltreffen* erfahre ich, dass sie kurze Zeit nach diesen Sätzen gestorben ist.

Die Berglandschaft gefällt Jürgen Fliege, er lebt richtig auf. Leidenschaftlich erklärt er die Heilkraft verschiedener Kräuter am Wegesrand und vergleicht vor einem riesigen Ameisenhaufen kauernd die funktionale Ähnlichkeit der Gesellschaftsstrukturen von Ameisen und Menschen. Wir bewundern die besonders großen und starken Pflanzen direkt neben einem frischem Kuhfladen und mein Gast weiß dazu: »Der liebe Gott, musst du wissen, wächst auf einem Misthaufen. Das ist ein Taowort: Aus den größten Fehlern erwächst dir die größte Kraft.«

Auch über das Thema, das er in bisherigen Interviews ausgespart hat, erzählt er während des Aufstieges erstaunlich offen: die Trennung und Scheidung von seiner Frau und die Reaktion seiner Töchter darauf. »Du kannst zwar zum Scheidungsrichter gehen und alles notariell trennen, aber deine Frau bleibt deine Frau.«

Als wir den Hügelkamm unterhalb des Gipfels erreichen und der Blick sich das erste Mal weit ins Voralpenland hinein erstreckt, wird Jürgen Fliege von der Erhabenheit und dem Gefühl erfasst, das er mit dem Ausspruch »Was bin ich klein, was ist die Welt groß« beschreibt. Es ist genau dieses Gefühl von Demut und gleichzeitiger Erhabenheit, das so viele Bergwanderer immer wieder in die Berge treibt.

»Jesus sorgt dafür, dass hier empfängnisfreie Zone ist.«

Am Gipfel angekommen, schenken wir uns gegenseitig einen Apfel. Jürgen Fliege ist der erste Gast, der sich bei der Brotzeit

»Kinder kommen aus einer Gegend, wo es keine Zeit gibt. Die Alten kehren in diese Gegend zurück.«

auf Wasser, Käse, Brot, Butter und ein wenig Salz beschränkt. Wortloses Schauen und Staunen, etwa der Anblick einer schönen Kirche, das ist für ihn wahrer Genuß, nicht aber Essen und Trinken.

Unter dem großen Kreuz mit geschnitztem Jesus erzählt Jürgen Fliege von Unterschieden und Gemeinsamkeiten zwischen Protestanten und Katholiken und dass er die Religion der Indianer so verehrt. Genau in dem Moment, als er mir erklärt, dass er das Symbol des Schmetterlings als viel hoffnungsfroher und passender für die Verwandlung von Jesus Christus empfindet als das Kreuz, flattert für Sekunden ein Schmetterling über unseren Köpfen, laut Jürgen Fliege kein verwunderlicher Zufall, sondern waches Zeichen der Allgegenwart Gottes.

Tage wie der heutige, an denen man Zeit füreinander hat, zusammen isst und ein gutes Gespräch führt, das ist das, was er sich wünscht, und der Jürgen Fliege, der mir das sagt, macht einen sehr geerdeten Eindruck, nachdenklich, aber zugleich lächelnd und fröhlich.

»Wenn ich weiterleben möchte, dann in den Erinnerungen meiner Töchter. Ein anderer muss Jürgen Fliege nicht gekannt haben.«

»Auf dem Berg droben fühlt man sich dem Himmel näher«

Mit Pater Anselm auf dem Latschenkopf

Der Latschenkopf

1712 Meter

In den Lenggrieser Alpen nahe der Benediktenwand

Der Latschenkopf (1712 m) ist einer der unspektakulärsten, aber gleichzeitig schönsten Gipfel der Lenggrieser Alpen. Unzählige Bergwanderer auf dem Weg zur Benediktenwand sind wahrscheinlich schon an seinem Gipfel vorbeimarschiert ohne ihn bewusst als Gipfel wahrzunehmen, denn auf dem Latschenkopf steht kein Kreuz.

Gerade deshalb ist dieser Gipfel ideal für ein *Gipfeltreffen*: Man kann sich durch die Seilbahn etliche Höhenmeter sparen und trotz der Beliebtheit und touristischen Erschließung des Braunecks und der Benediktenwand den herrlichen Gipfelausblick meist allein und ungestört genießen.

Anfahrt

Holzkirchen
Bad Tölz
Lenggries
Brauneck-Seilbahn

Von München aus fahren Sie auf der Bundesstraße 13 über Holzkirchen und Bad Tölz bis nach Lenggries. Oder Sie nehmen die Autobahn A8 Richtung Salzburg bis nach Holzkirchen, und fahren von dort auf der Landstraße weiter.

In Lenggries folgen Sie der Wegweisung Brauneck-Seilbahn. Dort angekommen, parken Sie das Auto auf dem Seilbahnparkplatz.

Gipfelweg

Wegzeit:
1 1/2 Stunden

Die Brauneck-Bergbahn ist ganzjährig in Betrieb. Fahrpreise: Erwachsene € 14,–, Kinder € 6,– (Berg- und Talfahrt), Gruppenermäßigungen

Einkehrmöglichkeit:
Brauneck-Gipfelhaus
(momentan geschlossen)

In einer der kleinen Gondeln schweben wir gemütlich sitzend in etwa zwanzig Minuten hinauf zur Seilbahngipfelstation (1555 m). Schon von hier aus haben wir einen herrlichen Blick auf den Alpenhauptkamm. In gut 10 Minuten wandern wir gemütlich auf den Brauneckgipfel.

Von hier geht es über einen herrlichen Weg, der sich von Osten nach Westen zieht, immer Richtung Benediktenwand. An manchen Stellen ist er etwas ausgesetzt, aber auf beiden Seiten tut sich eine wunderbare Aussicht auf: in die Alpen hinein und auf das Voralpenland heraus.

Wir erreichen das Stangeneck (1646 m) und nach insgesamt einer guten Stunde den Gipfel des Latschenkopfs. Die Eroberer der Benediktenwand lassen wir weiterziehen und setzen uns auf den Sockel des nicht mehr vorhandenen Gipfelkreuzes.

Ein wahrhaft erhabenes Stückerl Erde. Ein perfekter Platz, um sowohl die Augen als auch den Magen satt werden zu lassen und dabei angeregt über das Leben zu sinnieren. So wie Nikos Kazantzakis seinen Helden Alexis Sorbas sagen lässt: »Wenn der Bauch voll ist, hüpft die Seele.«

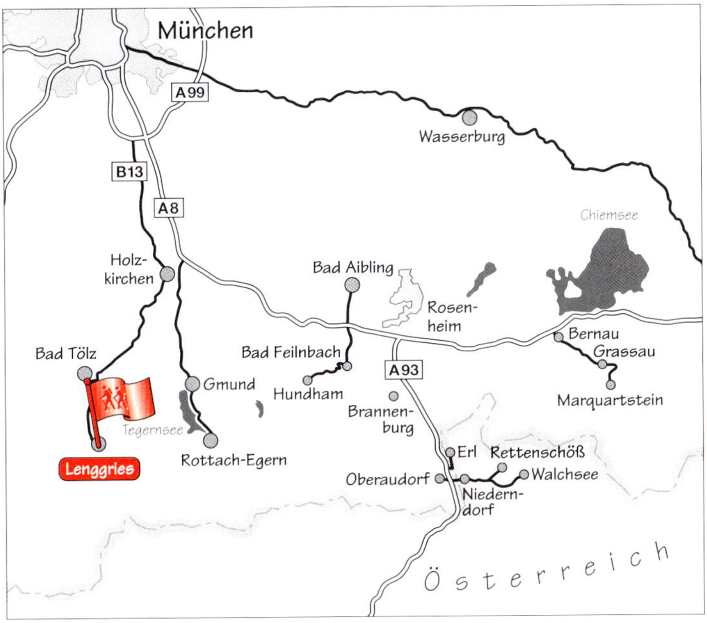

So kommen Sie hin

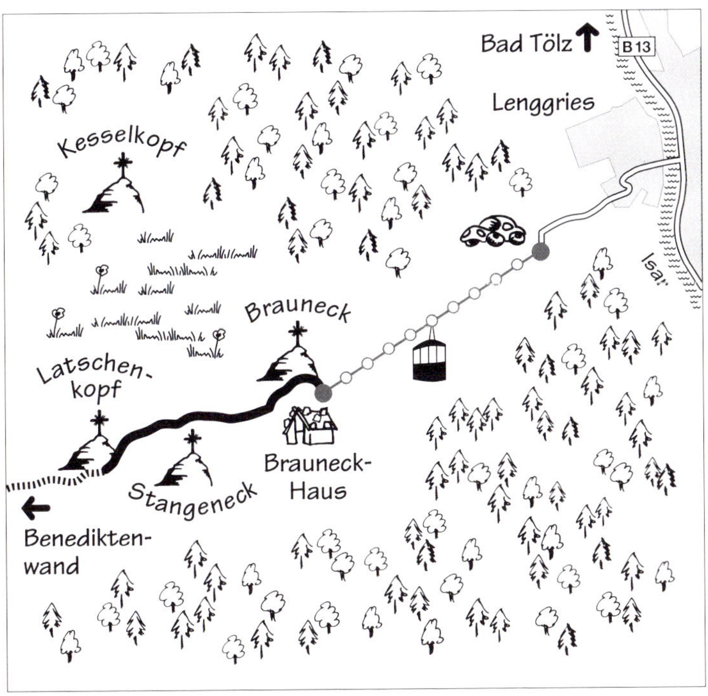

So kommen Sie hinauf

Pater Anselm

Pater Anselm hatte ich bei einer früheren Talkshow kennen gelernt, wo er nicht dazu kam, viel von sich zu erzählen. Ich freute mich nun sehr darauf, bei einem *Gipfeltreffen* mehr von dem spannenden Mönch zu erfahren.

Ein wenig musste ich den berühmten Mönch am Telefon schon überreden, für das *Gipfeltreffen* den Habit anzuziehen, denn eigentlich geht der ehemalige Prior des Klosters Andechs in weltlicher Bergwanderertracht ins Gebirge. Aber schließlich tat er mir den Gefallen, und brachte als Zugabe einen mächtigen schwarzen Hut und seinen reich verzierten Wanderstab mit. Aber vorerst schien es, als könnte dieses *Gipfeltreffen* überhaupt nicht stattfinden, denn die ganze Nacht lang regnete es in Strömen. Der Wetterbericht versprach keine Besserung, sondern kündigte ein großflächiges Tief mit einigen wenigen trockenen Zeitfenstern am Alpenrand an.

»Es ist mir wichtig, auszustrahlen, dass Mönchsein auch was Schönes ist.«

Auf der Fahrt zum Brauneck, in der Früh um halb sieben geht am Irschenberg ein fürchterlicher Wolkenbruch über mein Auto

nieder und ich bin drauf und dran, den Dreh abzusagen. Da läutet mein Handy und die Sekretärin von Pater Anselm meldet mir, dass der Pater bereits unterwegs sei und voller Optimismus dem Wetter trotze.

»Management besteht für mich erst einmal darin, sich selber managen zu können.«

Noch als sich das Team unter der offenen Heckklappe eines der Produktionsbusse versammelt, regnet es, aber kaum wird Pater Anselm von seinem Fahrer auf den Parkplatz chauffiert, hört der Regen schlagartig auf. Gleich darauf blitzt ein Hauch von Sonne durch die düstere Wolkendecke. »Der Mann muss Beziehungen haben«, lacht einer der Kameraassistenten. Herzlich begrüßen wir den Pater und machen uns auf den Weg.

Bereits auf der Fahrt mit der Seilbahn stelle ich fest, dass ich einen redefreudigen, lebensfrohen und tiefgründigen Gesprächspartner an meiner Seite habe. Auf meine ersten Fragen sprudelt Pater Anselm geradezu los. Als Jugendlicher war er eine Leserat-

»Die Sehnsucht nach Nähe, Zärtlichkeit, einmal in den Arm genommen werden, die hat ja jeder.«

te und investierte sein ganzes Geld in Schallplatten und Bücher. Seine Leidenschaft ist das Skifahren und das Fußballspielen (im Stadion als Unterhaching-Fan). Er erzählt von einem Mitbruder, der in seiner Freizeit Heavy-Metal-Musik hört, und dass er als junger Mensch sehr unter Schwindelgefühlen litt, aber durch das Klosterleben robuster wurde.

Als wir an der Bergstation aus der Bahn steigen, empfangen uns tatsächlich warme Sonnenstrahlen, die sich unter den Wolken durchgemogelt hatten. Die Schlechtwetterfront scheint sich für unser *Gipfeltreffen* eine Auszeit zu nehmen, das Sonnenlicht malt ein schönes Bild vom Pater im schwarzen Habit, der mit Hut und Stock durch die Bergwelt wandert.

Pater Anselms Eltern, die als Wirtsleute im Münchner Raum verschiedene Wirtschaften und Kantinen betrieben, wünschten sich, dass auch der Sohn Wirt würde. So enttäuschte sie zwar sein Entschluss, ins Kloster zu gehen, doch sie akzeptierten seine freie Entscheidung.

Seine erste große Liebe zum Glauben empfand der Benediktiner wie die erste große Liebe »zu einem Madel«. Sie erfasste ihn, bevor er Erfahrungen mit Mädchen sammeln konnte. Er beschreibt die Schwierigkeit, das Gelübde des Zölibats durch ein ganzes Leben zu tragen, und seine Sehnsüchte und den Wunsch nach Zärtlichkeit. Seine Tätigkeit als viel gefragter Managementberater mit Themen wie »Der Euro und seine religiöse Dimension«, »Die Wiederentdeckung der Langsamkeit«, oder »Genuss und die Benediktsregel«, kann er gut mit seinem Mönchstum vereinbaren.

Ohne Zögern verrät er, dass auch er gelegentlich ein wenig über den Durst trinkt – und dass als Buße dafür der schwere Kopf am nächsten Morgen beim Aufstehen ausreichend sei. »Richtig genießen kann man nur, wenn man dazwischen auch Asket ist. Es gibt ja auch Leute, die sich nichts gönnen, und die sind griesgrämig. Die richtige Mitte, das ist das Benediktinische.« Die Benediktsregel sieht seiner Auffassung nach den Genuss als Gegen-

»Ich denke, zu einem normalen Menschen, auch zu einem Asketen, gehört es dazu, dass er gelegentlich über die Stränge schlägt.«

gewicht zur Askese ausdrücklich vor. Schon von Beginn an haben Benediktinermönche Brauereien und Gasthäuser betrieben, um ihre Klöster zu finanzieren. Als Marketingstratege wünscht er sich wesentlich mehr Liberalität und Volksnähe von der Amtskirche in Rom. Er nimmt in der Diskussion um das Verbot des Kopftuches für muslimische Lehrerinnen einen liberalen Standpunkt ein: »Ich persönlich würde es gestatten, denn ich laufe ja auch im Habit herum.«

»Demut muss man in unsere Zeit übersetzen als Dienstleistungsbereitschaft: Mut zum Dienen.«

Am Gipfel angekommen, freut sich Pater Anselm sehr über das extra mitgebrachte Bockbier der klostereigenen Brauerei, und wir genießen die Gipfelbrotzeit. Wir sind so intensiv ins Gespräch vertieft, dass wir gar nicht merken, dass unser »Schönwetterfenster« sich mehr und mehr schließt. Gerade prosten wir uns zum Abschied noch einmal zu, da fallen schon die ersten Tropfen. Im Regen wandern wir zurück zur Seilbahn und vereinbaren, durchnässt, aber glücklich über den schönen Tag, auf der Talfahrt das Du und ein baldiges Wiedersehen in Andechs.

Ein halbes Jahr nach unserem *Gipfeltreffen* lese ich zu meinem Erstaunen in der Zeitung, dass Pater Anselm das Kloster Andechs verlassen habe. Ich wünsche diesem lebensfrohen und aufgeschlossen Mönch Glück und Geschick für all das, was er sich für sein Leben nach dem »Heiligen Berg« vorgenommen hat.

»Ich glaube, es ist eine urmenschliche Erfahrung, dass man sich auf dem Berg droben dem Himmel näher fühlt. Sonst wären ja nicht so viele unserer Klöster oben auf dem Berg gebaut worden.«

»Ich bin ein Freilassinger Tschusch«

Mit Miroslav Nemec auf dem Spitzstein

Der Spitzstein

1598 Meter

Über dem Inntal bei Erl

Es war schon Anfang November, als ich den Gipfelweg auf den Spitzstein (1598 m) vorab besichtigte. Am Abend zuvor hatte es heftig geschneit und ich stapfte, eingehüllt in eine dicke Nebelsuppe durch 20 Zentimeter Neuschnee. Ich war froh, mit dem Auto überhaupt bis zur Goglalm heraufgekommen zu sein, aber jetzt schien es unmöglich, den Weg zum Gipfel zu finden. Ich wollte schon umdrehen, da fand ich im Neuschnee eine einsame Fußspur, die sich geradlinig und routiniert nach oben schlängelte. Ich beschloss, dieser Spur zu folgen.

Nach etwa einer Stunde trat ich durch die Nebeldecke und stand in strahlendem Sonnenlicht bei atemberaubender Fernsicht auf dem Gipfel des Spitzstein. Ich schaufelte den Schnee von der Stufe der Gipfelkapelle, setzte mich auf mein Isokissen und war begeistert von dem Schauspiel, das mir die Natur bot. Die Welt lag wie unter einem Meer aus Watte, und die verschneiten Gipfel ringsum ragten still und geheimnisvoll wie Inseln aus dem Wolkenmeer.

Noch vom Gipfel aus rief ich Miro Nemec an und fragte ihn, ob er in den nächsten Tagen Zeit für ein *Gipfeltreffen* im Schnee hätte. Miro sagte spontan zu. Als wir uns drei Tage später an der Goglalm trafen, hatte ein Föhneinbruch die Schneewanderung in eine Spätsommertour verwandelt. Die Sonne schien mild und warm vom Himmel, der Schnee war verschwunden und die auf mein Anraten von uns beiden gewählten langen Unterhosen erwiesen sich als überflüssige und schweißtreibende Bekleidung. Aber das sollte uns nicht daran hindern, einen wunderbaren Tag auf einem der schönsten Berge des Chiemgau zu verbringen.

Anfahrt

A 8, Inntaldreieck
A 93 Richtung Kufstein
Ausfahrt Oberaudorf
Niederndorf
Erl
Goglalm

Von München aus fahren Sie auf der Autobahn A 8 Richtung Salzburg, und am Inntaldreieck auf der A 93 weiter Richtung Kufstein/Innsbruck. An der Ausfahrt Oberaudorf verlassen Sie die Autobahn und halten sich Richtung Niederndorf/Walchsee. Gleich nach der Überquerung des Inn, hinter der ehemaligen Grenzstation Niederndorf, biegen Sie links ab, Richtung Erl, die Straße verläuft ein Stück parallel des Flusses. In Erl angekommen, geht es vor der Kirche rechts Richtung Erlerberg/Spitzstein. Dieser Straße folgen Sie zirka 5 km bergauf teils in steilen Serpentinen, immer Richtung Spitzstein/Spitzsteinhaus/Goglalm. Am Parkplatz der Goglalm sind Sie am Ziel.

Gipfelweg

Wegzeit:
1 1/4 Stunden

Einkehrmöglichkeiten:
Goglalm *(in den Sommermonaten ab Mai geöffnet und bewirtet),*
Spitzsteinhaus *(unterschiedliche Öffnungszeiten, im Winter nur am Wochenende geöffnet)*

Von der malerischen Goglalm (1143 m), in der es sich lohnt, auf dem Rückweg einzukehren, gehen wir über einen lichten Wiesensteig, der in eine Forststraße mündet, in einer guten viertel Stunde bis zum Spitzsteinhaus (1252 m). Von dort führt uns ein ausgeschilderter Serpentinensteig über Wiesen, durch den Wald und über ein Latschenfeld in zirka einer Stunde direkt auf den Spitzstein. Von dessen Gipfel hat man nicht nur eine wunderbare Aussicht, auf ihm verläuft auch die Grenzlinie zwischen Bayern und Tirol.

Mit Kindern sollte man sich hier umsichtig verhalten, weil der Gipfel nach Osten hin sehr steil abfällt. Im Westen laden sanfte Grashänge zu einem kleinen Schläfchen in der Mittagssonne ein. Die schmale Stufe vor der kleinen gemauerten Gipfelkapelle mit ihrem Holzschindeldach bietet bei windigem Wetter eine geschützte Sitzgelegenheit mit herrlichem Blick in das Inntal und auf die Alpenkette.

So kommen Sie hin

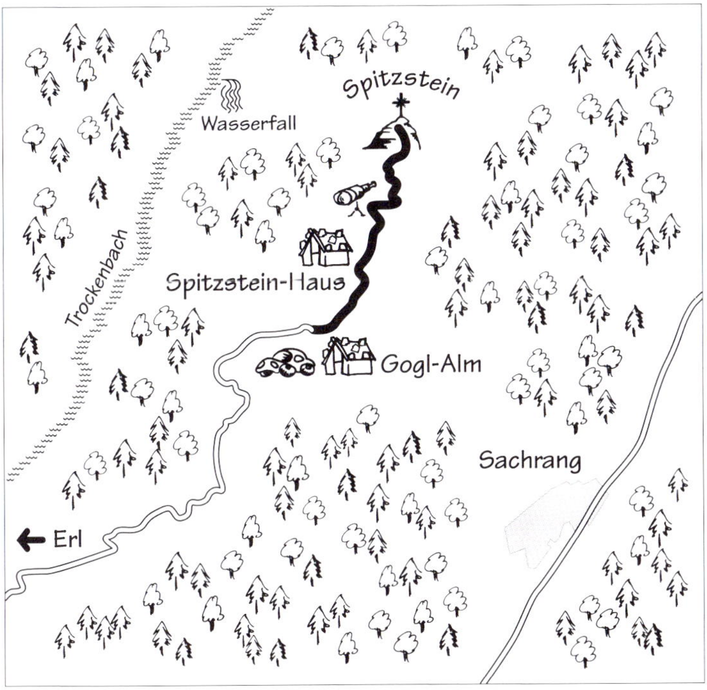

So kommen Sie hinauf

Miroslav Nemec

Am Tag nach der Ausstrahlung des *Gipfeltreffens* mit Veronika Fitz klingelte mein Telefon. Es war Miro Nemec, der mir sagte, dass ihm die Sendung sehr gut gefallen habe und er auch gerne einmal mit mir in die Berge gehen würde. Ich war sofort begeistert, denn ich hatte ihn schon lange auf meiner Wunschliste, weil ich ihn als Schauspieler und auch als Mensch sehr schätze. Wir vereinbarten einen Termin, der sich leider wetterbedingt immer wieder verschob.

»Wenn etwas gut ist, ist es gut. Und wenn es nicht gut ist, dann lässt man's.«

Schließlich schenkt uns der November einen herrlichen Föhntag und Miro erscheint pünktlich um halb neun Uhr morgens am Parkplatz der Goglalm. Die Lust auf diesen »geschenkten Tag« merke ich ihm schon beim Losgehen an. Humorvoll und wortreich erzählt er von seiner Kindheit in Kroatien, wie er lernte Fische zu fangen und auszunehmen und mit dem Vater Bergtouren unternahm. Die Entscheidung der Eltern, den zwölfjährigen Miro wegen der Armut und schlechten Zukunftschancen in Kroatien nach Deutschland zu schicken, brachte ihn nach Freilassing zur »Tant«, die man in Familienkreisen auch den »General«

nannte. Diese damals schon betagte Dame zog ihn trotz aller Strenge und pubertären Konflikte mit Respekt und Liebe groß. Die Schule schmiss er, ging lieber ans altehrwürdige Salzburger Mozarteum, um Musik zu studieren. Nach dem Abschluss als Fachlehrer für Musikpädagogik wechselte er auf die Schauspielschule.

»Jetzt hätt' ich einen so genannten Gusto.«

Seine Entscheidung, Schauspieler werden zu wollen, quittierte die Mutter mit dem Ausspruch: »Du, dein Vater hat auch nicht viel verdient … mach's!« Gelassen betrachtet er, der als Tatort-Kommissar ein Star ist und mit Udo Wachtveitl bereits seit vierzehn Jahren erfolgreich auftritt, seinen Erfolg: »Mei, so lang's uns Spaß macht und die Leute uns sehen wollen, machen wir weiter!«

Unterhalb des Gipfels steigen die Serpentinen steil an, dennoch kommt der Schauspieler kaum ins Schnaufen, mehr und mehr

»Eine meiner größten Ängste ist die vor Arbeitslosigkeit, weil ich mich sehr über die Arbeit definiere.«

jedoch ins Erzählen. Als wir am Gipfel des Spitzstein ankommen, wirkt er körperlich so frisch wie am Beginn der Tour, lediglich an seinem großen Appetit merke ich einen gewissen Energieverbrauch.

Bis jetzt hat wohl kein Gast mit solch großer Lust die Gipfelbrotzeit genossen. Und ausgerechnet heute habe ich das frisch gekaufte Brot im Auto vergessen, aber die Kollegen des Drehteams opfern ihre Ration, um die mittlerweile unverzichtbare Kult-Brotzeit zu retten. Ganz nebenbei zeigt mir Miro eine Technik, wie man Weißbier aus der Flasche trinken kann, ohne dass es zu sehr schäumt. Diese Kunst hat er vom legendären Schauspieler Hans Brenner gelernt. Und Miro isst und trinkt nicht nur gern, er lacht auch viel.

Auf meine sehr persönliche Frage nach der Beziehung zu seiner 26 Jahre jüngeren Lebensgefährtin und etwaigen Problemen wegen des großen Altersunterschiedes schaut Miro lang auf das Panorama der verschneiten Kaisergruppe gegenüber und sagt achselzuckend: »Verstehst, jetzt sitzen wir hier auf dem Berg, und es ist herrlich. Und dann denkst du dir: ›Ja und heut Abend? Was ist da?‹ Ja, das denke ich mir aber jetzt nicht, weil wir jetzt hier sitzen. Ich lebe mein Leben so!«

Ich erfahre, dass seine Familie auf der Insel Krk in einem Franziskanerkloster ein Familiengrab hat, in das er aber nicht reinpasst, weil er zu groß ist. Überhaupt waren es die Mönche auf der Insel, die ihm durch ihre Lebenszugewandtheit und Freude am Feiern eine sehr unprätentiöse Sichtweise des Glaubens nahe gebracht haben. Seine Großmutter war eine christliche Kommunistin, ihm selbst aber ist der Glauben an eine höhere Macht »nicht gegeben ..., auch wenn es schön wäre«. Dafür glaubt er an die Menschen, an die Zwischenmenschlichkeit und dass man füreinander da sein müsse.

»Ich habe nur glückliche Erinnerungen an meine Kindheit. Die Armut nimmst du erst wahr, wenn du nach Deutschland kommst.«

Auf die Frage nach seinen Träumen für die Zukunft, verrät er, dass er gerne eine Zeit lang auf einem Schiff vor der Küste Kroatiens leben würde, aber nur die Hälfte des Jahres. Die andere

»Ich denke nicht viel an den Tod. Ich halte mich lieber an des Leben und die Genüsse.«

Hälfte will er hier in Bayern sein. Dabei schaut er liebevoll über die Alpenkette und bläst dabei in den Hals der Bierflasche. Das erzeugt einen Ton, der wie das Horn eines imaginären Schiffes klingt.

Inzwischen steht die Sonne schon recht tief, das milde Licht zeichnet wunderbare Schatten, und wie ich in Miros Gesicht mit seinen lachenden Augen schaue, wird mir klar, dass hier wirklich ein »Freilassinger Tschusch« vor mir sitzt: Vertraut mit den Bergen Bayerns, verwachsen mit der Heimat Kroatien, aber stets ein Freigeist und Kosmopolit.

»Träume?
Ich nehme immer das an, was ich lebe.«

»Es war eine gute Idee, dass es heute nicht geregnet hat«

Mit Haindling auf dem Brennkopf

Der Brennkopf

1358 Meter

In Tirol im Walchsee-Gebiet

Das Frühjahr 2004 war für die Produktion der Sendung *Gipfeltreffen* ein Geduldsspiel. Bis in den Juni hinein waren die allermeisten Gipfel noch tief verschneit. Glücklicherweise hatten wir die *Gipfeltreffen* mit Pater Anselm und Miroslav Nemec bereits im Herbst aufgezeichnet, sonst wären die beiden Ostersendungen 2004 buchstäblich im Schnee versunken. Aber die Sendung für Christi Himmelfahrt am 20. Mai 2004 rückte näher und ich war fast schon verzweifelt auf der Suche nach einem einigermaßen begehbaren Gipfel und einem Gast, der bereit war, eine Bergtour über Schneefelder mitzugehen. Mein Zahnarzt, selbst begeisterter Bergsteiger und Gleitschirmflieger, empfahl mir schließlich den Brennkopf (1358 m), einen sanften südseitig begehbaren Grasgipfel im Walchsee-Gebiet in Tirol, der erste Berg im Frühjahr, von dem aus man mit dem Gleitschirm starten könne. Als ich am 14. April 2004 diesen Berg vorab allein besichtigte, stand ich im Schneesturm auf dem Gipfel, um mich herum ausgedehnte Schneefelder. Aber immerhin war es ein attraktiver Berg, zwar ohne Kreuz, dafür mit einem einsamen Gipfelbankerl und, sofern das Wetter es zulassen würde, einer wunderbaren Rundumsicht.

Als Gast konnte ich den legendären bayerischen Weltmusiker Hans-Jürgen Buchner alias »Haindling« gewinnen, der trotz der zu erwartenden widrigen Wetterbedingungen sofort zusagte. Doch der Wettergott war uns wieder einmal wohl gesonnen, in den nächsten Tagen wurden die Temperaturen deutlich milder. Als Haindling und seine Frau Uli am Morgen des 16. April in Rettenschöß aus dem Auto stiegen, strahlte die Sonne, die Schneefelder waren erheblich geschrumpft – es sollte ein Traumtag werden.

Anfahrt

A 8, Inntaldreieck
A 93, Richtung Kufstein
Ausfahrt Oberaudorf
B 172, Richtung Kössen

Die Anfahrt ist bis Rettenschöß die gleiche wie die zum Wandberg. Von München aus fahren Sie auf der Autobahn A 8 Richtung Salzburg, beim Inntaldreieck weiter Richtung Kufstein/Innsbruck. An der Ausfahrt Oberaudorf verlassen Sie die Autobahn

Haindling

Sebi
Rettenschöß
Richtung Walchsee
Kitzbichl-Hof

und halten sich Richtung Niederndorf/Walchsee. Nach dem Ort Niederndorf und zirka 1 km nach der Ortschaft Sebi biegen Sie links ab Richtung Rettenschöß. Im Ort angekommen, halten Sie sich rechts Richtung Walchsee. Zirka 1 km nach der Ortausfahrt Rettenschöß biegen Sie bei einem Bauernhof scharf nach links ab und fahren eine schmale Bergstraße steil bergauf Richtung Wandberg/Brennkopf. Rechter Hand liegt ein Golfplatz und nach etwa 500 m erreichen Sie den einsam und exponiert gelegenen Kitzbichl-Hof, auf dem man nach Absprache mit dem Bauern, gegebenenfalls auch gegen eine geringe Gebühr, parken darf.

Gipfelweg

Wegzeit:
1 1/2 Stunden

Von Kitzbichl aus führt uns ein unscheinbarer, nicht ausgeschilderter Weg in nördlicher Richtung erst wenige Meter über eine Wiese. Bald erreichen wir einen schönen Wald und der Steig führt recht steil hinauf bis zur Hitscheralm, die wir nach einer guten Dreiviertelstunde erreichen. Hier treten wir in einer Rechtskurve durch ein bizarres »Baumtor«, das durch den gekrümmten Stamm eines toten Baumes gebildet wird, und folgen dem Weg in östlicher Richtung. An der Knollalm vorbei erreichen wir nach einer weiteren Dreiviertelstunde den Gipfel des Brennkopf (1358 m). Der Weg ab der Hitscheralm ist recht leicht zu gehen und wird gesäumt von wunderbaren, uralten Bäumen, unter denen zum Teil Bankerl stehen, die zu kleinen Pausen einladen, um die grandiose Fernsicht zu genießen. Der »kreuzlose« Brennkopf ist ein idealer Startplatz für Gleitschirmflieger, deshalb herrscht hier an schönen Wochenenden reger Flugbetrieb, was besonders für Kinder spannend ist.

Obwohl der Brennkopf nicht sehr hoch ist und man bis zum Gipfel nicht sehr lang geht, hat man den Eindruck, sich im Hochgebirge zu befinden. Dazu trägt die Aussicht auf die im Frühjahr noch tief verschneiten Nordhänge des mächtigen Kaisergebirges bei. Wir sitzen im Gras, um uns herum die ersten Frühlingsblumen, blicken über die grün-weiß gefleckten Hänge hinüber in den Süden, und haben den Eindruck, uns in zwei Jahreszeiten gleichzeitig zu befinden.

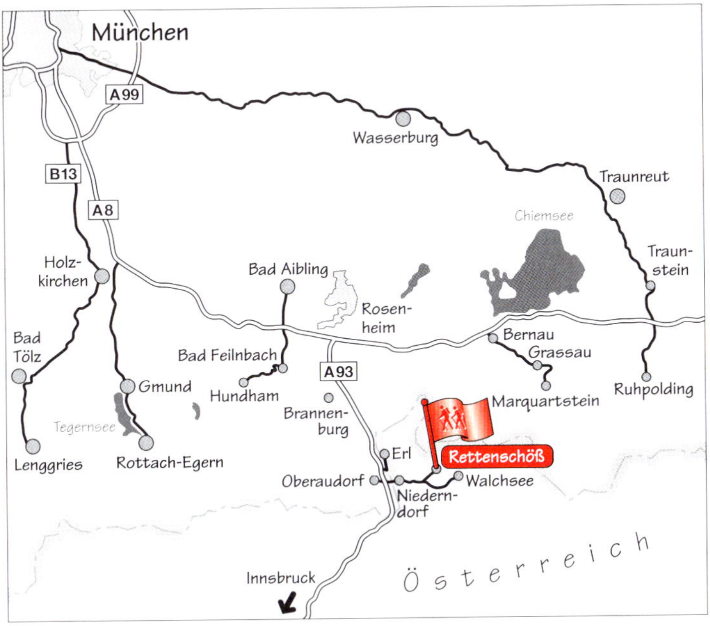

So kommen Sie hin

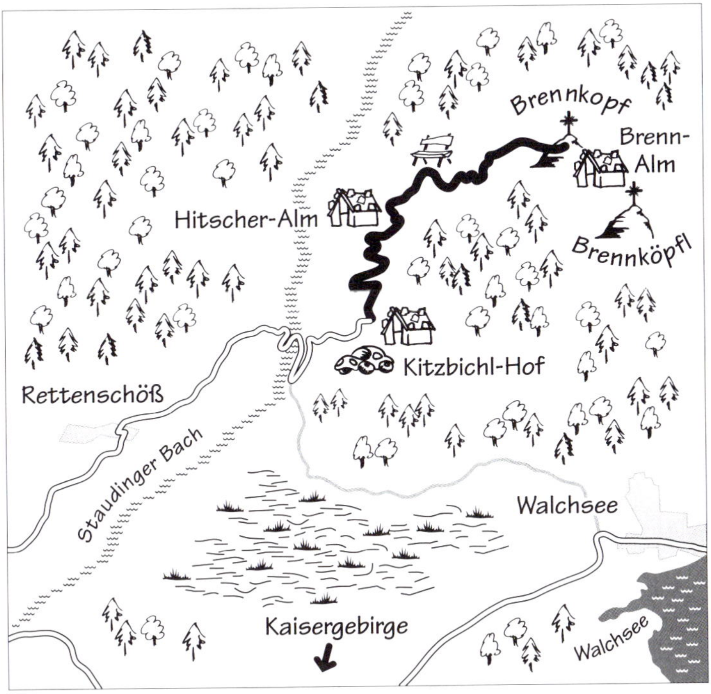

So kommen Sie hinauf

Hans-Jürgen Buchner alias Haindling

Ich kenne und schätze Hans-Jürgen Buchner, den Schöpfer und Kopf von »Haindling« seit über zwanzig Jahren, seitdem ich den ersten Fernsehauftritt der Gruppe in der Sendung »Live aus dem Alabama« anmoderierte. Ich habe ihn seit dieser Zeit immer wieder getroffen, ob als Musiker auf der Bühne oder als Gesprächsgast im Fernsehstudio, und ich freute mich sehr auf die Gelegenheit, in freier Natur und ohne Zeitdruck einen ganzen Tag mit ihm ratschen zu dürfen.

Wir verabredeten uns für den 16. April 2004 am Kitzbichl-Hof. Hans-Jürgen hatte, weil er als Nachtmensch am Vorabend der Tour besonders früh, nämlich um ein Uhr, zu Bett gegangen war, die ganze Nacht kein Auge zugetan. Vielleicht auch, weil es bis zum frühen Morgen fürchterlich geregnet hatte.

»Heimat hat ganz viel mit der Sprache zu tun. Innerlich denke ich bayerisch.«

Um 6 Uhr in der Früh rief er mich an, um sich zu vergewissern, ob das *Gipfeltreffen* tatsächlich stattfinden würde. Ich versicherte ihm, dass bei uns im Chiemgau bereits die Sonne durchblinzelte und wir es auf alle Fälle versuchen würden.

Pünktlich treffen er und seine Frau Uli ein. Haindling mit Bedacht und Sorgfalt ausgerüstet: nagelneue Bergwanderschuhe (»selbstreinigend«, wie ihm der Verkäufer versichert hatte), Langlaufunterwäsche, eine eher betagte schwarze Fleecejogginghose, einen selbst entworfenen Haindling-Pulli, darüber ein schwarzes Sakko, ein pinkfarbenes Halstuch und schließlich eine Indiomütze mit Ohrenklappen, von seiner Schwester selbst gestrickt, die er aber erst am Gipfel brauchen sollte.

In seinem kleinen Rucksack hat er, wie angekündigt, seine eigene Brotzeit und zwei ominöse Musikinstrumente versteckt. Doch das ist ein Geheimnis, das er erst am Gipfel lüften wollte.

Schon nach wenigen Metern wird klar, dass Haindling nicht nur ein großartiger Musiker, sondern auch ein brillanter und bildreicher Erzähler ist. Die Zeit bis zum Gipfel vergeht wie im Flug. Ich erfahre die Geschichte von der Flucht seiner Mutter, die in

»Immer glücklich bin ich nicht. Bei mir schwankt's. Aber ich habe rausgefunden, dass man seine depressiven Phasen genussvoll durchleben kann, weil man weiß, dass es am nächsten Tag schon wieder ganz anders sein kann. Heute benütze ich depressive Phasen, um zu gesunden.«

»Ich hätte Konditor oder Keramiker werden sollen. Konditor hat mir nicht so gut gefallen, weil man da so früh aufstehen muß.«

den Kriegswirren des Jahres 1944 mit dem drei Wochen alten Hans-Jürgen von Berlin nach Niederbayern im Zug fährt. Er erzählt von seinen Erlebnissen mit dem Vater, der Tierarzt war, und von seinen Nöten als einsamer Pubertierender in den Jungenzirkeln eines Klosterinternats, der oft so traurig war, dass er sein Taschengeld durch »bestelltes Weinen für ein Fuchzgerl« aufbesserte.

Mit 17 Jahren spielte er als Boogiepianist in Ami-Clubs und erfand ganz eigene Tricks, um die Mädchen seiner Wahl auf sich aufmerksam zu machen: »Erst hab' ich sie fünf Minuten ohne Zwinkern angeschaut, und dann bin ich hingegangen und hab' ihnen gleich einen Kuss draufg'haut. Das war meine Masche, und die hat immer funktioniert.«

Kaum ist er bei seiner zweiten Berufung, der Töpferei, der Geschichte, wie er seine Frau kennen lernte und der ersten Begegnung mit seiner heutigen Wahlheimat Haindling vor 27 Jahren angekommen, stehen wir schon auf dem Gipfel des Brennkopf. Die weiß-grüne Zeichnung der mit Schneefeldern durchzogenen Bergwiesen erinnern meinen Gast an ein »japanisches Gemälde«.

Zur Gipfelbrotzeit schenkt mir Hans-Jürgen ein »Geiselhöringer Bügelbier« aus einer lokalen Brauerei seiner Heimat und packt verschiedene selbst gemachte Schmankerl aus, mehrere Sorten Bio-Käse, selbst gebackenes Brot und frisch gepflückten Bärlauch, den er mir mit dem wenig beruhigenden Hinweis reicht, dass schon mehrfach Menschen gestorben seien, weil sie beim Pflücken Bärlauch mit den hochgiftigen Blättern des Maiglöckchens verwechselt haben.

Der Aprilwind frischt ein wenig auf, und gibt Haindling die Gelegenheit, sich die Indiomütze aufzuziehen. Er wirkt nun wie ein weiser niederbayerischer Sherpa, der über das Leben im Allgemeinen, seine Frau und seine 34-jährige Tochter Astrid aus erster Ehe, und über sein altersloses Zeitgefühl philosophiert: »Innerlich bin ich 28 … Wenn ich in der Zeitung lese: ›Ein

»Ich habe mir eigentlich immer die Dinge, die ich nicht kaufen wollte, selber gemacht.«

58-jähriger Mann fiel von der Treppe‹, dann denke ich mir: so ein alter Depp! Dabei bin ich selber schon älter. Ich fühle mich immer noch als Lausbub. Aber die größte Zeit meines Lebens habe ich natürlich schon verlebt …«

Beim Abschied holt Hans-Jürgen zwei vietnamesische Maultrommeln aus dem Rucksack und schenkt mir eine davon. Auf der anderen zeigt er, wie dieses Instrument gespielt wird, und gemeinsam spielen wir ein Lied, das er am Abend vor unserer gemeinsamen Bergtour für mich geschrieben hat. Ein schöneres Geschenk auf einem Gipfel kann ich mir nicht vorstellen.

»Ich lese ja nix … Aber die Uli liest recht viel Bücher von interessanten Schriftstellern, und das erzählt sie mir dann alles … und deswegen bin ich ein belesener Mann.«

Haindling ist tief beeindruckt von diesem Tag in den Bergen und beim Abschied versprechen wir uns gegenseitig, irgendwann noch einmal ganz ohne Kameras auf den Brennkopf zu gehen.

Haindling

»Es freut mich, dass ich ein so genannter Halbstarker war, der sich nicht in die Gesellschaft eingeordnet hat. Wahrscheinlich ist das ein Glück für mich, sonst wäre ich heute Tierarzt.«

»Der kann nicht kippen, der Berg?«

Mit Katerina Jacob auf dem Kranzhorn

Das Kranzhorn

1368 Meter

Über dem Inntal bei Erl

Jahrelang bin ich auf der Inntalautobahn achtlos am Gipfel des Kranzhorn (1368 m) vorbeigefahren. Vom Auto aus wirkt dieser nach Nordosten stark bewaldete Berg eher unscheinbar im Vergleich zu seinem attraktiven Nachbarn, dem Heuberg. Lange Zeit wusste ich gar nicht, dass es von Erlerberg auf der Tiroler Seite aus einen wunderschönen Südwestanstieg auf diesen Rosenheimer Hausberg gibt, dessen Gipfel wegen seiner ausgesetzten Lage direkt über dem Inntal und seiner beiden Gipfelkreuze einzigartig ist.

Es war der Cutter Thomas Rothneiger, mit dem ich viele kreative Stunden beim Schnitt des *Gipfeltreffen*-Rohmaterials verbracht habe, der mich auf das Kranzhorn aufmerksam machte. Als ich den Berg auf dem relativ unbekannten, aber wunderschönen Weg über die Bubenau-Alm das erste Mal bestieg, war ich begeistert von dieser abwechslungsreichen und spannenden Tour. Heute ist das Kranzhorn für mich einer der Berge, auf die ich gelegentlich auch nach der Arbeit noch schnell »hinaufspringe«, um nach dem Stress des Tages in der Abendsonne die richtige Erdung wieder zu finden.

Anfahrt

A 8, Inntaldreieck
Richtung Kufstein
Ausfahrt Oberaudorf
Niederndorf
Erl
Richtung Schutzhütte
Kranzhorn/Almen

Von München aus fahren Sie auf der Autobahn A 8 Richtung Salzburg. Am Dreieck Inntal biegen Sie auf die A 93 ab Richtung Kufstein/Innsbruck bis zur Ausfahrt Oberaudorf. Dort geht es weiter Richtung Niederndorf/Walchsee. Gleich nach der Überquerung des Inn, hinter der ehemaligen Grenzstation Niederndorf, biegen Sie links ab Richtung Erl, die Straße führt nun am Inn entlang. Nach zirka 4 km erreichen Sie Erl und fahren vor der Kirche nach rechts Richtung Spitzstein/Kranzhorn/Erlerberg. Die Straße führt 3 km lang über teils steile Serpentinen immer Richtung Spitzstein/Kranzhorn. An einem hölzernen Wegweiser mit der Aufschrift »Schutzhütte Kranzhorn/Almen« biegen Sie links ab und folgen der schmalen Bergstraße etwa 1 km bis zum Parkplatz Kranzhorn.

Gipfelweg

Wegzeit:
1 1/2 Stunden

Einkehrmöglichkeit:
Bubenau-Alm
(nicht bewirtet),
Schutzhütte Kranzhorn
(geöffnet Anfang Mai bis Mitte November)

Vom Parkplatz Kranzhorn gehen wir ein paar Meter auf der Fahrstraße zurück bis zum Wegweiser »Fußweg Kranzhorn, Bubenau«. Diesem Weg folgend wandern wir auf dem Forstweg durch einen lichten Wald bergauf und erreichen nach einer knappen halben Stunde die wunderschön gelegene Bubenau-Alm, an der wir eine erste kleine Rast machen. Von der Bubenau aus gehen wir über sonnige Südhänge eine gute Viertelstunde bis zur Schutzhütte Kranzhorn, die sich als großflächiges touristisches Almenensemble mit Gastronomie, Kinderspielplatz und einem kleinem Teich erweist. Von der Hütte aus führt uns ein teils mit hölzernen Stufen versehener, steiler Steig in etwa 20 Minuten auf das Kranzhorn. Der Gipfelfelsen thront exponiert über dem Inntal. Die letzten 20 m zum Gipfel sind sehr ausgesetzt, aber mit einem Drahtseil gesichert. Dennoch sollte man mit Kindern sehr vorsichtig sein. Auf dem Kranzhorn stehen zwei Gipfelkreuze, ein hölzernes für Bayern und ein stählernes für Tirol, weil die Grenze genau über dem Gipfel verläuft. Der Gipfel selbst fällt nach drei Seiten steil ab und ist für Nicht-Schwindelfreie eine Herausforderung. Doch der erhabene Ausblick über das Inntal entschädigt für die Überwindung.

So kommen Sie hin

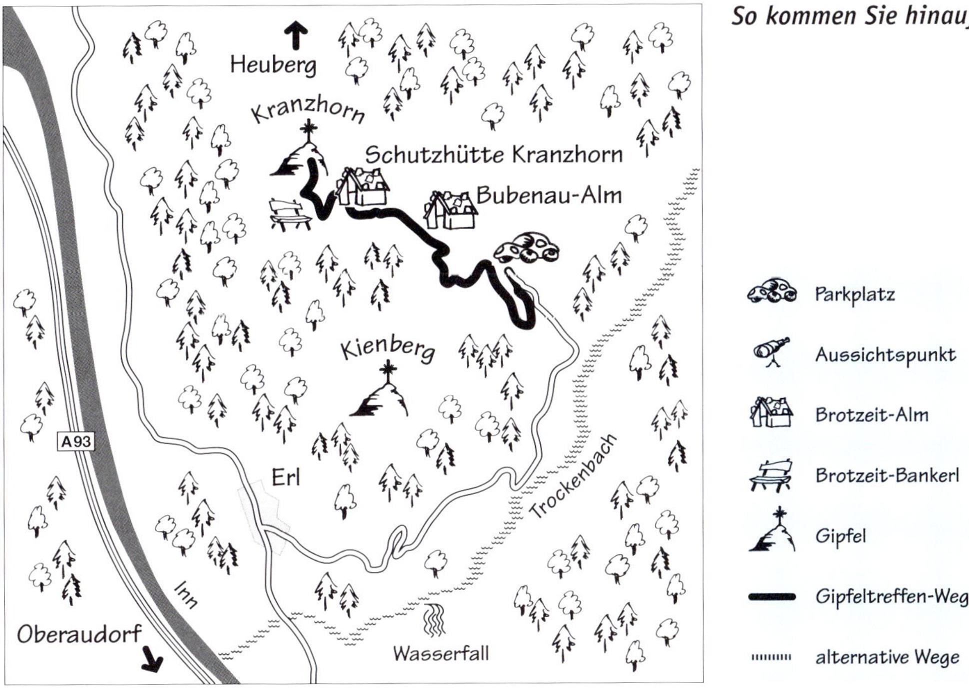

So kommen Sie hinauf

Katerina Jacob

Katerina Jacob ist nicht erst seit ihrer Rolle als Sabrina Lorenz an der Seite von Ottfried Fischer im »Bullen von Tölz« ein Star der deutschen Schauspielszene. Seit sie vor einigen Jahren bei mir in einer BR-Talkshow zum Thema »Frauen um die Vierzig« eingeladen war und ich in ihr damals eine humorvolle, wortgewaltige und selbstbewusste Gesprächspartnerin fand, stand sie ganz weit oben auf meiner Wunschliste möglicher *Gipfeltreffen*-Gäste. Zu meiner Freude sagte sie spontan zu, und so verabredeten wir uns für den 27. April 2004 am Fuß des Kranzhorn.

Wieder einmal haben wir Glück mit dem Wetter. Die Sonne strahlt vom Himmel, als Katerina Jacob mit ihrem Hund »Tante Frieda« am Kranzhorn-Parkplatz auf dem Erlerberg vorfährt. Wir beginnen sogleich ein angeregtes Gespräch, das gelegentlich von der Suche nach der unternehmungslustigen Tante Frieda unterbrochen wird. Ernste und lustige Themen wechseln sich ab.

»Erfolg ist nicht wichtig. Das ist hier wichtig: Dass der Enzian noch blüht.«

Katerina Jacob schildert ihre Kindheit als Tochter berühmter Eltern (Ellen Schwiers und Peter Jacob) und ist froh, dass sie selbst

nicht so ein aufmüpfiges Kind hat: »Ich war ein Riesenarschloch in der Pubertät. Ich persönlich bin froh, dass meine Tochter ganz anders ist als ich. Ich hätte mich selbst nicht gern als Kind gehabt.« Vollkommen ohne Starallüren beschreibt sie ihre Karriere von der Bambi-gekrönten Jungschauspielerin bis zur erfolgreichen Krimireihe »Der Bulle von Tölz« und warum sie schon mehrmals aufhören wollte: »Es ist schon manchmal Fließbandarbeit«. Lächelnd schildert sie die Sympathie zu Ottfried Fischer, auch wenn sie sich noch nie geküsst haben, nicht mal im Film: »Das ist die Akte X: Irgendwann kommt's zu *dem* Kuss.«

»Die Schule hat mich immer gelangweilt. Ich fand das so überflüssig. Das war verschwendete Zeit.«

Ihre Erfahrungen mit Männern bezeichnet sie als »nicht so prickelnd«. Viele Affären hätte sie sich »sparen können«, aber jetzt hat sie den Richtigen, die Liebe fürs Leben gefunden, einen sechzigjährigen Deutsch-Kanadier, den sie beim Kauf ihres Domizils in Kanada kennen gelernt hatte. Eine Freundin musste die zögernde Katerina erst darauf aufmerksam machen, dass dieser

»Man trifft so viele Menschen, bei denen man denkt, die kennt man seit ewigen Zeiten, das finde ich an Seelenwanderung so interessant«

Mann genau der Richtige für sie sei, ihr selber war er zu schmächtig. Schließlich hat es doch noch gefunkt, und Katerina Jacob, die mittlerweile selbst die kanadische Staatsbürgerschaft besitzt, wirkt sehr verliebt, als sie von ihrem Lebenspartner schwärmt.

Offen erzählt sie von der Krebserkrankung und dem Tod ihres Bruders Daniel, der tiefen Trauer der Familie, und ihrem festen Glauben an Seelenwanderung und die Unsterblichkeit der menschlichen Seele: »Die Seelen bleiben erhalten. Das ist ja eine Energie, die kann ja nirgendwo hin.« Daraus schöpft sie die Überzeugung, ihren verstorbenen Bruder wiederzusehen, wenn er es nur wolle.

Bei der Kranzhorn-Schutzhütte kommen wir an einem Teich vorbei. Katerina entdeckt sofort im seichten Wasser die vielen »Lurchis«, wie sie die Tierchen nennt. Mit vollem Körpereinsatz gelingt es ihr, einen »Lurchi« mit der Hand aus dem Wasser zu fischen. Ganz die Naturkundlerin zeigt sie mir mit dem Hinweis auf die momentane Balz die rot gefärbte Bauchseite des Tieres, um es dann wieder in den Teich zu setzen.

Zwanzig Meter vor dem Gipfel trennt uns nur noch ein schmaler, mit einem Seil gesicherter Grat vom Gipfelplateau, doch Katerina Jacob weicht laut schreiend zurück. Sie leidet unter starker Höhenangst, schlägt aber mein Angebot, die Brotzeit ein paar Meter abseits des Gipfels auf einem sanften Wiesenhügel zu machen, ab. Sie will sich selbst beweisen, dass sie diese Überwindung schafft. Hand in Hand überqueren wir den abschüssigen Grat.

Schließlich setzt sie sich ängstlich, aber wild entschlossen auf einen Felsen des Gipfelplateaus. Über der ganzen Aufregung sind wir vom förmlichen Sie ganz automatisch ins Du gewechselt.

»Meine Tochter Josephine war nicht geplant, sie ist ein Himmelsgeschenk.«

Dieser Mut und ihre Entschlossenheit beeindrucken mich. Ich kann mir vorstellen, wie schwer es für Menschen mit Höhenangst

»Ich bin immer die Erste, die bei ›Sissi‹ heult. Auch beim 16. Mal.«

ist, auf so einen Gipfelfelsen zu gehen, der an den Seiten mehrere hundert Meter abfällt. »Ich spüre die Erdrotation. Und ich würde so gern springen«. Sie ist nicht gesprungen.

Beim Gespräch auf dem Gipfel erklärt die Schauspielerin ihren Glauben an eine Bestimmung, die jedem Menschen drei Wendepunkte im Leben lässt, an denen er sich entscheiden kann. Sie hat alle drei Joker schon gezogen, zwei waren falsch gewesen, aber der dritte Wendepunkt – ihr jetziger Partner – ist goldrichtig gewählt. Erstaunlich offen geht sie mit meiner Frage nach ihren vier Fehlgeburten um. Sie nimmt sie als von der Natur gegebene Schicksalsschläge hin. Das sagt sie ganz ohne Bitternis. Ihre einzige Tochter trägt den Namen Josephine, die »Gebärfreudige«, und sie versichert lachend, dass sie sich sehr auf die Zeit als Oma freut.

Kurz vor dem Abschied bekennt sie, dass sie sich angesichts der immer größer werdenden Engstirnigkeit und Bürokratie in Deutschland durchaus vorstellen kann, ihren Lebensabend als Akt-Malerin in ihrer zweiten Heimat Kanada zu verbringen: »Ich male nackte dicke Frauen.« Als wir uns unter den beiden Gipfelkreuzen verabschieden, fallen ein paar Regentropfen vom Himmel und ich bin dankbar und froh, an diesem besonderen Platz eine so offene, nachdenkliche und lebenslustige Frau kennen gelernt zu haben.

Katerina Jacob

»Mein Vater hat immer gesagt: Tapfer ist nur der, der seine Angst überwindet.«

»Schöner als in den Allgäuer Bergen kann es nirgends sein«

Mit Theo Waigel auf dem Edelsberg und der Alpspitze

Der Edelsberg und die Alpspitze

1629/1575 Meter

Im Ostallgäu

Es war das erste Mal, dass sich einer der Gäste des *Gipfeltreffens* ausdrücklich einen bestimmten Berg wünschte. Theo Waigel, neun Jahre lang Finanzminister unter Helmut Kohl, war auf meine Anfrage hin sofort begeistert von der Idee der Sendung, wollte aber unbedingt im Ostallgäu auf die Gipfel des Edelsberges (1629 m) und der Alpspitze (1575 m) gehen. Als 11-jähriger Bub hatte er hier anlässlich eines Ministrantenausfluges seine erste Bergtour gemacht, ein Erlebnis, das er bis heute seine »schönste Kindheitserinnerung« nennt, und das wohl eine Initialzündung für seine große Leidenschaft für die Berge war. Außerdem kann Theo Waigel heute aus dem Fenster des Hauses seiner Frau Irene Epple in Seeg direkt auf den Edelsberg und die Alpspitze schauen.

Für mich war diese Bergregion völlig neu, und die erste »Besichtigung« mit den beiden Kameraleuten im April endete wenige Meter oberhalb der Bergstation des Sesselliftes im dichten Nebel. Weitere Versuche, das *Gipfeltreffen* mit Theo Waigel im späteren Frühjahr zu drehen, scheiterten daran, dass im Allgäu immer noch viel Schnee lag und das Wetter nicht mitspielte. Doch Theo Waigel richtete sich mit großer Geduld auf jeden neuen Termin ein. So wurden wir alle an einem schönen Sommertag im Juli mit dem ersten *Doppelgipfeltreffen* belohnt. An dieser landschaftlich wunderschönen Tour über zwei Gipfel ist bemerkenswert, dass man von der Bergstation der Sesselbahn auf den Edelsberg auf sehr leichten Wegen lediglich knapp 200 Höhenmeter, auf die Alpspitze gar nur 100 Höhenmeter überwinden muss. Von beiden Gipfeln hat man eine wunderbare Fernsicht und es gibt mehrere Hütten zur Einkehr. Eine ideale Bergtour also für Wanderer mit kleineren Kindern oder ältere Menschen.

Anfahrt

A 96

Ausfahrt Jengen/ Kaufbeuren

Von München aus fahren Sie auf der Autobahn A 96 Richtung Lindau bis zur Ausfahrt Jengen/Kaufbeuren. Hier geht es ab und weiter auf der B 12 Richtung Kaufbeuren/Marktoberdorf. In

Theo Waigel

Marktoberdorf Nesselwang Alpspitzbahn

Marktoberdorf folgen Sie der Wegweisung Nesselwang und fahren auf einer gemütlichen kleinen Landstraße bis in den Ort. Dort biegen Sie bei der Kirche rechts ab und finden bald linker Hand ein Hinweisschild Richtung Alpspitzbahn. Am Parkplatz der Sesselbahn lassen Sie das Auto stehen.

Gipfelweg

Wegzeit: 1 3/4 Stunden

Die Alpspitzbahn ist ganzjährig in Betrieb. Fahrpreise: Erwachsene € 10,–, Kinder € 6,– (Berg- und Talfahrt)

Viele Einkehrmöglichkeiten auf allen Höhenlagen

Mit dem betagten, aber sehr gemütlichen Sessellift schweben wir an der Mittelstation in etwa einer halben Stunde auf weit über 1400 Meter in die Höhe. Schon während der Fahrt genießen wir den Ausblick über das Ostallgäuer Land. An der Bergstation angekommen, folgen wir dem breiten Weg zuerst etwa 50 m bergab und wenden uns dann nach rechts Richtung Edelsberg/Alpspitze. Nach einer guten Viertelstunde erreichen wir auf diesem Panoramaweg eine Weggabelung, die uns rechts auf die Alpspitze, links auf den Edelsberg führt. Wir folgen dem Weg zum Edelsberg, dessen Gipfel wir von Nordosten her bereits nach weiteren 20 Minuten erreichen. Das Gipfelkreuz ist grob geschnitzt und schlicht, aber gerade deshalb schön, und wir genießen den Ausblick durch die Baumwipfel auf die Alpenkette im Süden und den Gipfel der Alpspitze im Norden. Eine Panoramatafel erklärt uns die Namen der umstehenden Berge, und obwohl wir erst knapp 200 Höhenmeter gegangen sind, tut die kleine Rast gut.

Auf demselben Weg, auf dem wir gekommen sind, wandern wir wieder hinunter und folgen diesmal der Wegweisung Alpspitze. Dieser Weg von »Gipfel zu Gipfel« dauert etwa 20 Minuten, und nach einem kurzem Anstieg erreichen wir den Gipfel der Alpspitze, die zwar niedriger ist als der Edelsberg, aber durch ihre frei stehende Lage die fast schönere Aussicht bietet. An klaren Tagen sieht man von hier weit ins Allgäu und das ganze Schwabenland hinein. Alles in allem müssen wir nur knapp 300 Höhenmeter überwinden, um zwei wunderschöne Gipfel zu besteigen, und die Brotzeit genießen wir umso mehr, weil wir wissen, dass uns der Abstieg ins Tal durch die Fahrt mit der nur eine Viertelstunde entfernte Sesselbahn abgenommen wird. Diese Wanderung eignet sich sehr gut für Kinder und ältere Wanderer.

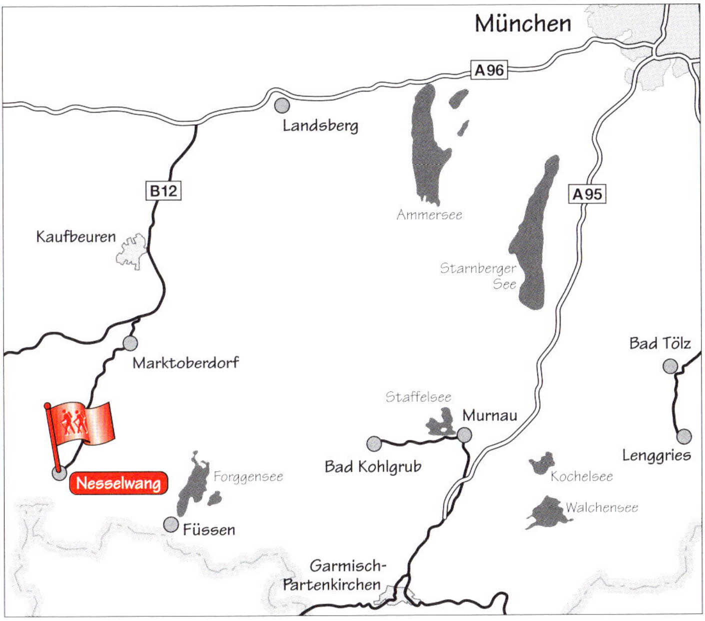

So kommen Sie hin

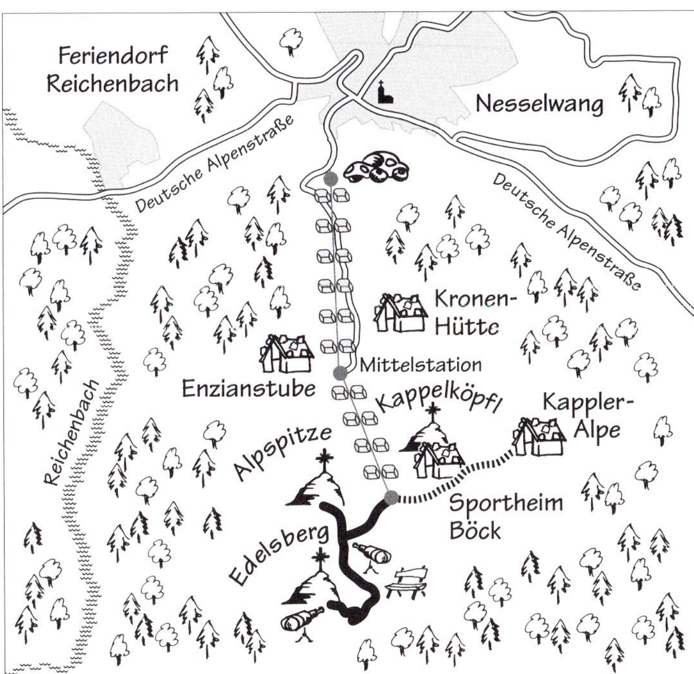

So kommen Sie hinauf

Theo Waigel

Es ist 5 Uhr morgens, als das Telefon mich aus dem Schlaf reißt. »Guten Morgen, hier ist Waigel« meldet sich eine sonore Stimme. Um diese Zeit von einem ehemaligen Finanzminister angerufen zu werden, ist durchaus ungewöhnlich, doch Herr Waigel hat einen Grund für seinen frühen Anruf.

Wir sind an diesem Morgen im Allgäu zu einem *Gipfeltreffen* verabredet und Theo Waigel, der in der Nacht mehrmals aufgestanden war, um das Wetter zu beobachten, will mich und das Team angesichts des hartnäckigen Regens vor einer sinnlosen Fahrt ins Allgäu bewahren. Ich bin aber wild entschlossen, denn der Wetterbericht ist gar nicht so schlecht, und wir hatten den Dreh schon so oft verschoben.

»Ich war immer in Gefahr, etwas zu weit zu gehen und mir die Symphatie von Vorgesetzten zu verscherzen.«

Doch es kommt, wie Theo Waigel es vorausgesagt hat: Um halb neun Uhr stehen wir im strömenden Regen an der Talstation der Alpspitzbahn und uns bleibt nichts anderes übrig, als wieder einmal unverrichteter Dinge den langen Heimweg anzutreten.

Am nächsten Morgen sieht es anders aus. Die Nacht über hat es zwar geregnet, doch nun reißt die Wolkendecke auf, der Föhn schiebt den Himmel frei! Bester Laune und hoch motiviert empfangen wir unseren Gast an der Talstation.

Waigels Sohn Konstantin: »Papa, stimmt es, dass du der Vater vom Euro bist?« Waigel: »Manche sagen das.« »Du, ich will aber nicht der Bruder vom Euro sein.«

Schon kurz nach der Fahrt mit dem Sessellift ist der gebürtige Mittelschwabe Waigel im Erzählen, von seiner Kindheit im schwäbischen Oberrohr bei Ursberg, von der verdrängten Erinnerung an seine Einschulung im September 1945, als es nicht einmal eigene Hosen, geschweige denn einen eigenen Schulranzen gab, dafür aber bald die ersten »Tatzen«. Ein Jahr zuvor war sein dreizehn Jahre älterer einziger Bruder im Krieg gefallen, ein Verlust, den die Eltern nie ganz verarbeiten konnten.

Fast alle Wanderer, denen wir begegnen, erkennen den ehemaligen Minister auf Anhieb und grüßen ihn freundlich, was er mit

»Heimat ist etwas sehr Regionales: Deutschland ist das Vaterland, Bayern ist die politische Heimat, aber Heimat, das ist das Tal, das sind die Berge, das ist der Bach, an den man sich erinnert.«

dem Satz kommentiert: »Fünf Jahre, nachdem man nicht mehr Finanzminister ist, wird man auch wieder gegrüßt.«

Auf dem Edelsberg erklärt er mir zunächst die Namen aller Gipfel um uns herum und gesteht, dass er in seiner Zeit als Finanzminister oft schreckliches Heimweh nach den Allgäuer Bergen hatte.

Einmal, mittags auf der nahe gelegenen Kappler Alpe sitzend, hätte er dem Kanzler Kohl am liebsten geschrieben: »Lieber Helmut, sei mir bitte nicht böse, ich komme heute nicht. Hier ist es viel schöner als bei Euch.« Aber Theo Waigel hatte kein Papier und keinen Bleistift dabei, und so musste er runter vom Berg und zurück zur Kabinettssitzung nach Bonn … Und auch wir steigen nach einem wohlverdienten Schluck Apfelschorle vom Gipfel des Edelsberges ab und machen uns auf den Weg zur benachbarten Alpspitze.

Im Weitergehen schildert Theo Waigel sein Verhältnis zu seinen drei Kindern Christian, Birgit und dem erst neunjährigen Konstantin, denkt laut über die Beziehung zu seiner zweiten Frau Irene Epple nach, die für ihn, wie er sagt, ein zwar strenges, aber sehr wichtiges »Regulativ« und außerdem eine große Motivationshilfe ist. Unvergessen ist ihm der Tag, an dem er sich mit ihr das erste Mal verabredet hatte. Beim Gespräch im Biergarten sei ihr dabei hauptsächlich aufgefallen, dass er so viel geredet hätte, was sicherlich an seiner Nervosität gelegen habe.

Bereits auf der Alpspitze sitzend bedauert er, sich zu seiner Liebe zu Irene Epple fünf Jahre zu spät öffentlich bekannt zu haben. Einer seiner größten persönlichen Fehler, wie er sagt. »Aber Fehler, die man korrigieren kann, mit denen kann man leben. Ich bewundere Irene, dass sie so lange auf mich gewartet hat.«

Während der Gipfelbrotzeit – »um so ein Mittagessen beneiden uns Millionen« – erklärt er seine Vorliebe für ein »gescheites« Bier, und gesteht, dass er als junger Mensch nach der Getreideernte die erste Flasche oft mit drei Schlucken geleert hat. Bei der folgenden Unterhaltung über das Leben, den Tod und den Glau-

»Ich glaube an einen gnädigen Gott. Ich kann mir überhaupt nicht vorstellen, dass Gott uns in diese Welt gesetzt hat, um uns dann für immer zu verurteilen. Und darum wünsche ich mir, dass man uns von Seiten der Kirche nicht so sehr mit dem Fegefeuer schreckt, sondern mit der Gnade Gottes beruhigt.«

»Wenn das mit dem Sterben nicht aufhört, kommen wir auch noch dran.«

ben flicht Theo Waigel immer wieder Zitate aus Literatur, Kunst und Politik in seine persönlichen Gedanken ein. Das Gespräch mit ihm, aber auch seine Lust an der Brotzeit zeigen mir, welch ein gebildeter, aber auch bodenständiger und lebensfroher Mensch dieser Theo Waigel ist, der von sich selber sagt, in der wahrscheinlich »glücklichsten Phase« seines Lebens zu sein. »Ich sehne mich nicht zurück.«

Wie so oft bei den vergangenen *Gipfeltreffen* fallen nach der letzten Frage die ersten Tropfen vom Himmel. Die Föhnmauer hat genau ein *Gipfeltreffen* lang gehalten. Auf dem Weg zurück zum Lift regnet es in Strömen, und Theo Waigel lädt das patschnasse Team in der Kronenhütte zu den »besten Kasspatzn Mitteleuropas« ein.

»Auf eine Auszeichnung bin ich besonders stolz: Ehrenspielführer der Behinderten-Fußballmannschaft von Ursberg. Das ist mir wichtiger als ein Verdienstkreuz.«

»Ich habe noch nie so gern gelebt wie heute«

Mit Barbara Rütting auf der Chiemgauer Hochplatte

Die Chiemgauer Hochplatte

1586 Meter

Nahe der Kampenwand

Die Chiemgauer Hochplatte (1586 m) ist einer der schönsten Aussichtsberge des Chiemgau. Dennoch gehört sie als kleine Schwester der berühmten Kampenwand noch zu den Geheimtipps, auch wenn sich an schönen Sommertagen auch hier immer größere Gruppen von Bergwanderern um das Gipfelkreuz versammeln, um die wunderbare Fernsicht in das Chiemgauer Land und auf die Bergriesen des Alpenhauptkammes im Süden zu genießen.

Mehrmals war ich die Tour von der Staffn-Alm auf die Hochplatte schon alleine gegangen, aber für ein *Gipfeltreffen* im Frühjahr erwies sich der letzte nordseitige Abschnitt als zu schattig. Bis in den Juni hinein liegt hier oft noch Schnee, außerdem sind einige steilere und felsige Stellen zu bewältigen, und so entschloss ich mich, mir diesen Berg für ein *Gipfeltreffen* im Sommer aufzuheben. Als nun Mitte August eine Aufzeichnung für die Sendung an Allerheiligen anstand, war der Zeitpunkt ideal.

Das Einzige, was mir noch fehlte, war ein prominenter Gast, der konditionsstark, fit und trittsicher genug wäre, diese Tour über immerhin 540 Höhenmeter zu bewältigen und gleichzeitig auch ein spannender Gesprächspartner sein würde. Ein Radiointerview brachte mich auf die Frau, die diese Kriterien erfüllen sollte: Barbara Rütting, 76 Jahre alt, Alterspräsidentin des Bayerischen Landtages.

Anfahrt

A8
Ausfahrt Bernau
Grassau
Richtung Marquartstein
Niedernfels
Hochplattenbahn

Von München aus fahren Sie auf der Autobahn A8 Richtung Salzburg bis zur Ausfahrt Bernau. Hier verlassen Sie die Autobahn und biegen links ab Richtung Bernau/Grassau/Marquartstein. Sie durchfahren Bernau auf der Hauptstraße und erreichen nach zirka 6 km Grassau. In Grassau halten Sie sich an einem Kreisel geradeaus Richtung Marquartstein. Kurz nach der

Blick von der Hochplatte auf die Kampenwand

Ortsausfahrt in einer Linkskurve der Hauptstraße biegen Sie nach rechts ab Richtung Piesenhausen/Niedernfels. Nach etwa einem Kilometer folgen Sie an einer Kreuzung rechts der Wegweisung Richtung Niedernfels. In Niedernfels folgen Sie den Schildern Hochplattenbahn. Nach einem guten Kilometer erreichen Sie den Parkplatz der Hochplattenbahn.

Gipfelweg

Wegzeit:
1 1/2 Stunden

Die Hochplattenbahn hat vom 1. November bis 24. Dezember Betriebsruhe.
Fahrpreise:
Erwachsene € 6,50, Kinder € 4,– (Berg- und Talfahrt); Familien- und Gruppenermäßigungen

Einkehrmöglichkeiten:
Staffn-Alm *(geöffnet von Mai bis Oktober und vom 25. Dezember bis zum 3. Sonntag im März)*
Plattenalm *(geöffnet vom 15. Juni bis zum 15. September)*

Ein recht gemütlicher Doppelsessellift bringt uns in einer guten Viertelstunde mühelos auf über tausend Meter. Von der Bergstation der Sesselbahn aus sehen wir unter uns Marqartstein liegen, dahinter den Chiemsee, den wir im Laufe des Tages immer wieder aus neuem Blickwinkel betrachten können.

Wir lassen die wunderbar gelegene Staffn-Alm rechts liegen und folgen den Schildern »Hochplatte/Kampenwand« auf einem schattigen Forstweg. Dieser Weg durch lichten Bergwald zieht sich ein wenig, bis sich nach etwa 40 Minuten ein herrlicher Blick nach Westen ins Tal öffnet. Nach weiteren 5 Minuten erreichen wir die einfache, idyllisch gelegene Plattenalm, die im Sommer bewirtschaftet ist und zu einer ersten kleinen Pause bei einem Glas frischer Milch einlädt.

Von hier aus führt uns die Forststraße in 10 Minuten auf einen Sattel, von dem aus sich das erste Mal der Blick hinüber auf das markante Gipfelmassiv der Kampenwand öffnet. Auf diesem Sattel verlassen wir die Forstraße und gehen in südlicher Richtung den ausgeschilderten Steig hinauf zur Hochplatte. Dieser abwechslungsreiche Weg durch Waldstücke und Latschenfelder, mit kleinen, harmlosen Kraxeleien und Panoramaausblicken ist auch für Kinder ein echtes Schmankerl und führt uns in etwa 25 Minuten auf den Gipfel der Hochplatte. Der Rundblick, der uns hier erwartet, ist überwältigend. Auf dem Rückweg lohnt es sich, vor der Talfahrt mit dem Sessellift auf der Sonnenterrasse der Staffn-Alm einzukehren und die Tour in aller Ruhe ausklingen zu lassen

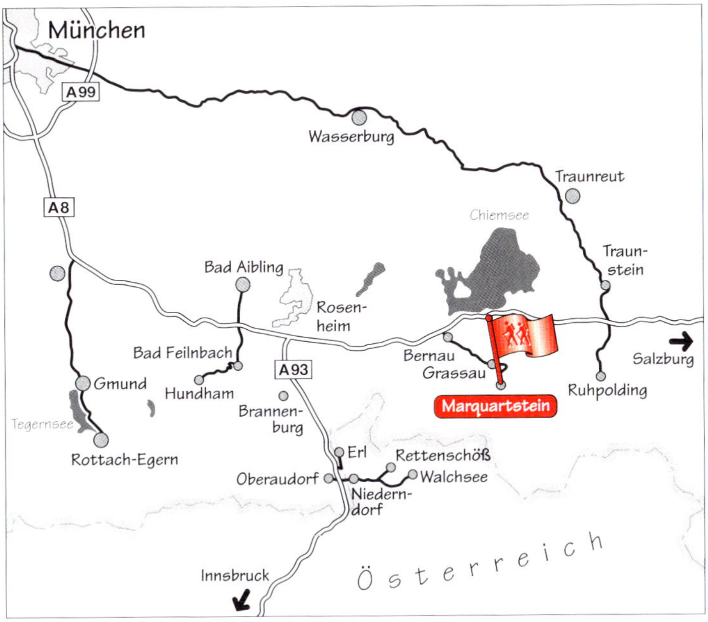

So kommen Sie hin

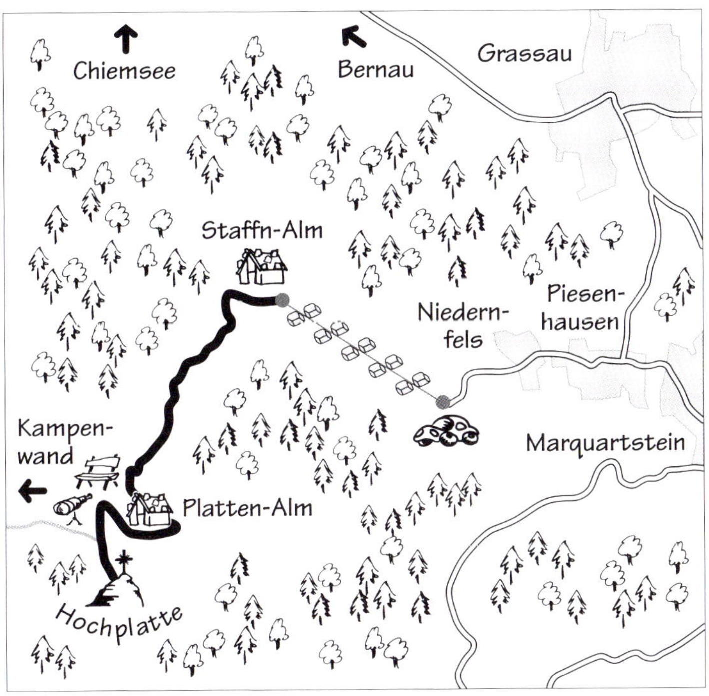

So kommen Sie hinauf

Barbara Rütting

Barbara Rütting ist seit Anfang der fünfziger Jahre als Schauspielerin, Tierschützerin, Autorin von Kinder- und Gesundheitsbüchern, Ernährungsberaterin und Politikerin in Deutschland bekannt. Ich hatte sie vor vielen Jahren in einer Talkshow kennen gelernt und als glänzende Gesprächspartnerin in Erinnerung.

Also rief ich sie einfach an und sie sagte ebenso spontan wie selbstverständlich zu. Sie sei gerade in Klausur, schreibe ununterbrochen an ihrer Biografie, die im Herbst fertig sein müsse, und nehme deshalb keine anderen Termine wahr, aber in diesem Fall würde sie eine Ausnahme machen. Alles bestens also. Nur die Wahl der Brotzeit für eine Ernährungsberaterin, Autorin von Vollwertkost-Kochbüchern und überzeugte Vegetarierin machte mir ein wenig Gedanken.

»Wenn ich die Welt nicht gestalte, zerfällt sie mir in Stücke.« (Arthur Schnitzler)

Ausgerüstet mit einem Rucksack voll mit Obst, Gemüse, Bio-Käse und einer Flasche italienischem Rotwein aus ökologisch-kontrolliertem Anbau mache ich mich am frühen Morgen des 18. August 2004 auf den Weg zum Treffpunkt am Parkplatz der

Hochplattensesselbahn. Ich bin gerade dabei, dem Team zu erklären, dass wir es heute mit der bisher anspruchsvollsten Tour zu tun haben, und nur so lange aufzeichnen werden, wie es Barbara Rütting, Jahrgang 1927, zuzumuten ist, da kommt sie auch schon vorgefahren, überpünktlich und gut gelaunt.

»Ich hatte immer das Gefühl, ich war schon mal irgendwo, wo's schöner war. Heimatgefühle kenne ich überhaupt nicht.«

Bereits im Lift beginnt sie zu erzählen, beeindruckt von der Aussicht und dem strahlend schönen Wetter, und schon nach den ersten Worten ahne ich, wie viel Lebensfreude, Energie, Mut und Offenheit in dieser Frau stecken. Geboren als Waltraut Irmgard Goltz, ältestes Kind einer Lehrerfamilie, änderte sie nach dem Krieg ihren Vornamen aus Protest gegen den Vater, der als überzeugter Nazi alle Kinder mit »reinen deutschen« Namen ausgestattet hatte. In dieser Zeit entwickelt sie auch ein starkes Unrechtsbewusstsein, das ihr ganzes Leben prägen sollte. Auch ihr späteres Engagement für den Tierschutz und ihre vegetarische Lebensweise seien einem fast körperlichen Mitfühlen für das

»Mir hat eine Astrologin gesagt, der richtige Mann kommt, wenn ich 85 bin.«

Leid der zur Ernährung der Menschen gehaltenen und getöteten Tiere entsprungen.

Eine große Radikalität prägt die wichtigen Entscheidungen ihres Lebens. Am Höhepunkt ihrer Karriere, so erzählt sie weiter, gibt sie den »verlogenen« Beruf der Schauspielerin auf und schneidet ihre gefärbten Haare bis auf die Wurzeln ab, um dem Abschied von oberflächlicher Eitelkeit und gleichzeitig dem Protest gegen im Tierversuch erprobte Haarfärbemittel Ausdruck zu verleihen. Als sie das erzählt, wirkt sie keineswegs verbissen und ideologisch, sondern immer fröhlich, offen und humorvoll. Und was das ganze Team verblüfft: Sie scheint beim Aufstieg trotz ihrer 76 Jahre kein bisschen angestrengt, kommt kaum außer Atem, und schwitzt weniger als ich. Schließlich findet sie in der steilsten Wegpassage sogar die Muße, entspannt und mit einem Lächeln über ihre Einstellung zum Tod zu erzählen, den sie nicht fürchtet, sondern als Verwandlung in eine andere Lebensform mit Freude erwartet. Gefragt nach ihrem Glauben, lacht sie: »Ich glaube nichts, aber ich halte auch nichts für unmöglich.«

Auf dem Gipfel umarmt sie mich herzlich und bietet mir das Du an, was mir angesichts ihrer Herzlichkeit selbst bei einer Alterspräsidentin des Bayerischen Landtages gar nicht befremdlich erscheint. Als ich endlich stolz meine Bio-Brotzeit auspacke, öffnet sie ihren Rucksack und überrascht mich mit einem »Barbara-Rütting-Brot« – das Rezept dafür hat sie in den Siebzigern erfunden und schützen lassen – und selbstgebackenen »Hildegard-von-Bingen-Nervenkeksen«, die nicht nur vollwertig sind, sondern auch aphrodisierend wirken sollen. Derart gestärkt vertiefen wir uns in ein angeregtes Gespräch. Bei strahlendem Sonnenschein und einem Glas »Gipfelwein« erzählt sie mir über die wichtigen Männer ihres Lebens und warum letztlich auch die 20 Jahre dauernde Beziehung zu Lutz Hochstraate Ende der Achtziger Jahre zu Ende ging. Sie verrät, dass sie sich immer noch gern und oft verliebt, aber auch, dass sie als »glücklicher Single« allein mit ihren Hunden und Katzen lebt. Auf die Frage, warum sie mit 75 Jahren noch in die Politik ging, antwortet sie: »Ich wollte ja gar nicht in die Politik, jemand von den

»Ich hoffe schon, dass ich eine kleine Spur hinterlassen werde.«

»Kinder sind meine größte Hoffnung in dieser wahnsinnigen Welt.«

Grünen hat mich überredet, und auf einmal war ich gewählt. Übrigens auch zum Entsetzen der eigenen Fraktion.« Dennoch wird sie nach Ablauf der Legislaturperiode ihre Karriere als Politikerin beenden, und mit der ihr eigenen Radikalität noch einmal etwas Neues anfangen. Am liebsten würde sie wohl ihr Ökodorf-Projekt, das vor Jahrzehnten gescheitert war, mit neuer Energie anpacken. Und über Energie scheint diese Frau im Überfluss zu verfügen …

Als Barbara Rütting über die Zukunft spricht, spüre ich ihre Freude auf das, was da noch kommen mag, und nachdem wir uns auf dem Gipfel noch einmal zugeprostet haben, machen wir uns auf den Weg zurück zur Staffn-Alm und erwischen gerade noch die letzte Talfahrt mit dem Sessellift. Im Tal lädt eine unverändert frisch wirkende Barbara Rütting das ganze Team zur Feier des zwölften *Gipfeltreffens* in einen Biergarten am Ostufer des nahen Chiemsees ein.

Als wir an diesem Abend die rote Sonne über dem See versinken sehen, blicke ich im Geiste zurück auf zwei Jahre *Gipfeltreffen* und freue mich über die Idee, das Team, die gemeinsame Arbeit in der wunderbaren Umgebung der bayerischen Alpen, meine Gäste und über die entstandenen, aber auch auf die kommenden *Gipfeltreffen*.

»Ich glaube nichts,
aber ich halte nichts
für unmöglich.«

Schmidbauers Gäste

Elmar Wepper

Elmar Wepper, 1944 in Augsburg geboren, kommt durch seinen älteren Bruder Fritz schon früh zur Schauspielerei. Bekannt geworden ist der Fernsehschauspieler durch seine Rolle als Helmut Heinl in der Serie *Polizeiinspektion I* und als Ralf Maria Sagerer in *Zwei Münchner in Hamburg,* beide Male an der Seite von Uschi Glas. 1990 erhalten Uschi Glas und Elmar Wepper den Medienpreis Bambi als beliebtestes TV-Paar. Gemeinsam mit seinem Bruder Fritz spielt er seit 1994 in der Serie *Zwei Brüder,* in der er einen Polizeikommissar und sein Bruder einen Staatsanwalt mimt. Außerdem leiht er dem Hollywood-Schauspieler Mel Gibson als Sychronsprecher seit mehr als 20 Jahren seine Stimme. Seine letzten TV-Projekte sind *Im Zweifel für die Liebe* (2004) und *Der Traum vom Süden* (2004)

Veronika Fitz

Die 1936 in München geborene Schauspielerin Veronika Fitz wächst in einer Großfamilie mit sieben Geschwistern auf. Aus einer Künstlerfamilie stammend, der Vater Hans Fitz war ein berühmter Schauspieler und schrieb bayerische Mundartstücke und die Mutter war Leiterin einer Märchenbühne, kommt sie schon früh mit der Schauspielerei in Berührung. Neben mehreren Auftritten in verschiedenen Fernsehserien, wie *Tatort* oder *Ein Bayer auf Rügen,* wird Veronika Fitz vor allem durch ihre Rolle als *Die Hausmeisterin* Martha Haslbeck neben Helmut Fischer bekannt. Für die von 1987 bis 1992 produzierte Serie wird sie 1990 mit dem bedeutenden Grimme Preis ausgezeichnet. Neueste Fernseh-Projekte sind *Engelchen flieg* (2004) und *Im Tal des Schweigens* (2004).

Hubert von Goisern

Der 1952 geborene Hubert Achleitner benennt sich nach seinem Heimatort Bad Goisern im Dachsteingebiet in Österreich. Nach einer Ausbildung zum Chemielaboranten lebt er in Südafrika, Toronto und auf den Philippinen, bis er sich schließlich in Österreich der Musik widmet. Er wird als Begründer des Alpenrock bezeichnet, da sich in seiner Musik sowohl volkstümliche Klänge als auch moderne Rocktöne vermischen. 1987 gründet er mit Wolfgang Staribacher die Band *Alpinkatzen,* die er aber 1994 wieder auflöst. Deutschlandweit wird er durch das Lied *Koa Hiatamadl* bekannt. Für die Literaturverfilmung von *Schlafes Bruder* komponiert er die Filmmusik. Seine Auslandsaufenthalte, vor allem seine Begegnung mit dem Dalai Lama in Tibet und die Freundschaft zu der Primatenforscherin Jane Goodall beeinflussen seine Musik nachhaltig. In jüngster Zeit ist er mit den Alben Trad I und II auf Tournee.

Schwester Theodolinde

Schwester Theodolinde wird 1946 in der Oberpfalz als Kind sehr religiöser Eltern geboren. Bereits mit vierzehn Jahren trifft sie die Entscheidung, dem Orden der Barmherzigen Schwestern vom Heiligen Vinzenz von Paul beizutreten. Nach einem Fernstudium zur praktischen Betriebswirtin und einem Abschluß als Finanzbuchhalterin wird sie 1990 Geschäftsführerin der *Adelholzener Alpenquellen GmbH,* die heute rund 360 Angestellte zählt. Bekannt ist Schwester Theodolinde vor allem für ihr soziales Engagement im Bereich der Obdachlosenhilfe, der Alten- und Krankenpflege und der Jugendhilfe.

Alfons Schuhbeck

Alfons Schuhbeck wird 1949 in Traunstein/Bayern geboren. Seine Ausbildung zum Koch macht er unter anderem in Salzburg, Genf, Paris und in München. 1983 erhält er einen Michelin Stern, es folgen weitere Auszeichnungen, unter anderem 18 Punkte von

Gault Millau oder drei Kochlöffel vom *Aral Schlemmer Atlas.* Als Inhaber des *Kurhausstüberls* in Waging am See und der *Südtiroler Stuben* in München macht er sich einen Namen als Restaurantbesitzer. Neben seinen Restaurants leitet er noch eine Kochschule und einen Partyservice in München, mit dem er Großveranstaltungen wie die Bambi-Verleihung oder Feste des FC Bayern München bewirtet. Sein Fachwissen gibt er in einer Vielzahl von Kochbüchern und in mehreren Fernsehsendungen, wie zum Beispiel *Hausmannskost für Feinschmecker* oder *Sonne-Mond-und-Sterne* im Bayerischen Rundfunk, weiter.

Jürgen Fliege

Jürgen Fliege, geboren 1947 und Vater von zwei Töchtern, ist als evangelischer Pfarrer vor allem durch seine Tätigkeit im Fernsehen und Radio bekannt. Seit 1994 moderiert er in der ARD täglich *Fliege – Die Talkshow,* wofür er 1996 den Medienpreis *Bambi* für die beliebteste Talkshow erhält. 1995 gründet er die *Stiftung Fliege,* die hilfsbedürftigen Menschen im In- und Ausland, vor allem Behinderten, Kranken und auch Alleinerziehenden, finanzielle Unterstützung anbietet. Vier Jahre später folgt die Eröffnung des *Instituts für Seelsorge und Kommunikation,* das der Fortbildung von Pfarrern dient. Neben seiner Tätigkeit als TV- und Radiomoderator tritt er auch als Buchautor mit Titeln wie *Passen Sie gut auf sich auf. 101 Nachtgedanken von Jürgen Fliege* oder *Lieber Jürgen Fliege … Kinder fragen zu Himmel und Erde,* in Erscheinung.

Pater Anselm

Pater Anselm Bilgri, 1953 in Unterhaching geboren, studiert in Passau, München und Rom Theologie und Philosophie. 1975 tritt er in den Benediktiner-Orden ein und erhält 1980 seine Priesterweihe. In den folgenden fünf Jahren ist er als Kaplan und in der Jugenseelsorge in der Kirchengemeinde Sankt Bonifaz tätig. Nach mehreren Jahren als Cellerar (Wirtschaftsleiter) im Kloster Andechs wird er 1994 schließlich zum Prior des Klosters ernannt. Einen Namen macht sich Pater Anselm aber nicht nur als Klostervorsteher, sondern auch mit seinen Vorträgen zu Themen wie Führungsphilosophie, Unternehmensethik und dem Verhältnis von Religion und Marketing. Im Juli 2004 verläßt Pater Anselm das Kloster Andechs, das durch seine Arbeit für seine Brauerei, die Schnapsbrennerei und das Festspiel *Orff in Andechs* bekannt geworden ist. Zukünftig will er sich den Bereichen Lebens- und Unternehmensberatung widmen, die aber weiterhin auf den Regeln des Heiligen Benedikt beruhen sollen.

Miroslav Nemec

Der 1954 in Zagreb geborene Schauspieler Miroslav Nemec kommt im Alter von zwölf Jahren zu Verwandten nach Freilassing. Während seines Musikstudiums am Mozarteum in Salzburg erlernt er mehrere Instrumente und absolviert schließlich eine Ausbildung zum Musiklehrer. Er sammelt Erfahrung an Theatern in Essen, Köln und am Residenztheater in München, und tritt unter anderem auch in Musicals und Rock- und Jazzdance-Formationen auf. Mehrere TV-Auftritte in Serien und Filmen, wie *Gefangene der Liebe,* folgen. Bekannt wird Miroslav Nemec aber durch seine Rolle als *Tatort*-Kommissar Ivo Batic, die er seit 1991 regelmäßig spielt. Mit seiner Band *Miro-Nemec-Band* engagiert er sich seit 1994 mit anderen Prominenten aus dem Film- und Musikgeschäft für den Förderverein *Hand-in-Hand,* der sich der Hilfe für Kriegswaisenkinder aus dem ehemaligen Jugoslawien verschrieben hat.

Haindling

Hans-Jürgen Buchner, wie Haindling mit bürgerlichem Namen heißt, benennt sich nach seinem Heimatdorf, einem Wallfahrtsort in Bayern. Als Kind bereits mit der Musik verbunden, erscheint 1982 sein erstes Album *Haindling I,* das seinen Musikstil, eine Mischung aus Volksmusik und moderner Musik, bereits deutlich macht. Überregionalem Publikum wird Haindling schließlich durch mehrere Auftritte bei *Live aus dem Schlachthof* bekannt. Neben seinen mittlerweile 20 CD's mit eigener Musik und ausgedehnten Live Tourneen ist Haindling ein anerkannter Komponist und Produzent vieler Filmmusiken. Im Jahr 2004 erschien das Haindling-Album »Vivaldi & vier Jahreszeiten«. Neben seiner musikalischen Tätigkeit betreibt Haindling eine eigene Keramikwerkstatt.

Katerina Jacob

Katerina Jacob wird 1958 in München als Tochter der berühmten Schauspielerin Ellen Schwiers und des Regisseurs Peter Jacob geboren. Ihre Eltern erkennen das Talent der Tochter früh und ermöglichen ihr ein Studium am renommierten Lee Strasberg Institute in New York. Ihr Fernsehdebüt hat Katerina Jacob an der Seite ihrer Mutter in *Der Rote Schal,* ihr großer Durchbruch folgt mit der Fontane-Verfilmung *Grete Minde – Der Wald ist voller Wölfe.* Seitdem übernimmt sie viele Gastauftritte in beliebten Fernsehserien wie *Derrick, Die Schwarzwaldklinik* oder *Der Bergdoktor* und spielt in Serien wie *Samt & Seide* oder *Der Bulle von Tölz.* Neben ihren Fernsehrollen hat Katerina Jacob auch regelmäßige Theaterengagements, wie beispielsweise in Shakespeares *Der Widerspenstigen Zähmung.*

Theo Waigel

Theo Waigel wird 1939 in Oberrohr/Schwaben geboren. Nach seinem Studium der Rechts- und Staatswissenschaften in München und Würzburg, das er 1967 mit einer Promotion abschließt, verschreibt er sich ganz der Politik. Seine politische Laufbahn beginnt der ehemalige Finanzminister bereits 1961 als Kreisvorsitzender der Jungen Union Krumbach und ist von 1988 bis 1999 Vorsitzender der CSU. Seit 1972 ist er Mitglied des Bundestages. Seinen politischen Höhepunkt erreicht Theo Waigel in der Zeit von 1989 bis 1998 als Finanzminister unter der Regierung Helmut Kohls, in der er maßgeblich die Finanzierung der Wiedervereinigung steuert. Seit 2002 hat sich der dreifache Vater vollständig von der politischen Bühne zurückgezogen und widmet sich seiner Tätigkeit als Rechtsanwalt und seiner Familie.

Barbara Rütting

Barbara Rütting, geboren 1927 in Berlin, geht nach dem Krieg auf Vermittlung des Roten Kreuzes nach Dänemark, wo sie unter anderem als Kindermädchen und Fremdsprachenkorrespondentin arbeitet. 1952 verwirklicht sie ihren Traum und beginnt eine Schauspielkarriere. Noch im selben Jahr wird sie für die Rolle einer russischen Soldatin in *Die Spur führt nach Berlin* mit dem Bundesfilmpreis für die beste Nachwuchsschauspielerin ausgezeichnet. Es folgen Hauptrollen in 45 Filmen sowie Engagements an deutschsprachigen Theaterbühnen. 1970 veröffentlicht sie mit *Diese maßlose Zärtlichkeit* ihren Debütroman, daneben schreibt sie Kochbücher, gibt Rezeptsammlungen heraus und engagiert sich für gesunde Ernährung. Seit Oktober 2003 ist Barbara Rütting auch politisch aktiv als Alterspräsidentin für *Die Grünen* im Bayerischen Landtag.

Werner Schmidbauer

Werner Schmidbauer, geboren 1961, Fernsehmoderator und Musiker. Er moderierte in zehn Jahren fast vierhundert Folgen der Kultsendung *Live aus dem Alabama/Schlachthof* und unter anderem für die ARD *Dingsda,* für den Bayerischen Rundfunk die Talksendungen *Schmidbauer's, Die 2* (mit Sandra Maischberger) und *Unter 4 Augen*. Mit der Produktion der BR-Reihe *Gipfeltreffen,* für die er auch die Musik geschrieben hat, begab er sich erstmals auf das Terrain der Filmemacherei. Als Liedermacher hat Werner Schmidbauer seit 1994 sieben CDs mit eigenen Liedern herausgebracht und gibt jährlich über 60 Live-Konzerte im süddeutschen Raum und in Österreich. Für seine Arbeit wurde er mit mehreren Preisen ausgezeichnet, darunter 1984 mit dem Adolf-Grimme-Preis. Er ist verheiratet, hat drei Kinder und lebt im bayerischen Voralpenland.

Dieses Buch entstand in Zusammenarbeit mit dem Bayerischen Rundfunk.

Bildnachweis

Bayerischer Rundfunk: S. 5, 11, 16–19, 21, 24, 28–33, 47, 52 (unten), 53–55, 57, 119, 124, 125–129, 154, 158 (oben) – Florian Dürmer: S. 2/3, 5, 9, 37, 82–85, 88–95, 97, 100, 101–105, 107, 109, 112–117, 156 (unten), 157 – Sonja Kops: S. 5, 145, 148–153, 159 (oben) – Christian Mayrhofer: S. 23, 35, 45, 52 (oben), 56, 154 (unten), 155 – Susanne Mölle: S. 5, 8, 20, 130/131, 133, 136–141, 158 (unten) – Thomas Rothneiger: S. 10/11, 22/23, 34/35, 46/47, 58/59, 106/107, 118/119, 121 – Jochen Schädler: S. 5, 59, 60, 64–73, 76–79, 80, 81, 156 (oben, Mitte) – Siegfried Schönacher: S. 5, 40–44

Der Verlag dankt der Kur- und Gästeinformation Bad Feilnbach, dem Fotografen Stefan Wagner, der Tourist-Information Bergen und der Nesselwang Marketing GmbH für die freundliche Bereitstellung der Bilder auf den Seiten 13, 25, 49 und 133 sowie dem Bayerischen Landesvermessungsamt für den Kartenausschnitt auf dem Umschlag.

Bibliografische Information der Deutschen Bibliothek

Die Deutsche Bibliothek verzeichnet diese Publikation
in der Deutschen Nationalbibliografie; detaillierte bibliografische Daten
sind im Internet unter http://dnb.ddb.de abrufbar.

Umschlaggestaltung: ZERO Werbeagentur, München,
unter Verwendung eines Motivs der Bildagentur Mauritius
Kartenausschnitt auf dem Umschlag: © Bayerisches Landesvermessungsamt
Karten im Innenteil: dtp factory, Susanne Bertenbreiter, München
Lektorat: Usha Swamy
Produktion: Ortrud Müller
Layout und Satz: Nikolaus Hodina, München
Druck und Bindung: Bosch Druck, Landshut
Printed in Germany

ISBN 3-7205-2570-8